Nietzsche

Brevier

Ausgewählt,
herausgegeben und
mit einem Vorwort von
Wolfgang Kraus

Diogenes

Dieser Band erschien erstmals im
Georg Prachner Verlag, Wien und Stuttgart, 1950
und wurde vom Herausgeber überarbeitet
Umschlagillustration:
Vincent van Gogh, ›Vase mit Iris vor
gelbem Hintergrund‹, 1890

40/94/36/2
ISBN 3 257 21550 0

INHALT

Wer du auch sein magst, geliebter Fremdling, dem ich hier zum ersten Male begegne: nimm diese frohe Stunde wahr und die Stille um uns und über uns und laß dir von einem Gedanken erzählen, der vor mir aufgegangen ist gleich einem Gestirn und der zu dir und zu jedermann hinunterleuchten möchte, wie es die Art des Lichtes ist.

Nietzsche

VORWORT

Nietzsche sagt von sich selbst, daß die Bedeutung seiner Philosophie die Welt in zwei Hälften teile. Zeigt sich auch in dieser Behauptung ein Übermaß an Selbstgefühl, so ist es doch richtig, daß Nietzsche zu jenen Denkern zählt, deren Schriften die Entwicklung unserer Kultur am deutlichsten beeinflußt haben.

Vermißt man auch in seiner Philosophie, vergleicht man sie mit jener Platons, Konfutses, mit der Stoa oder mit Kant, die innere Konsequenz, so kann man andererseits feststellen, daß das halbe Jahrhundert, welches seinem Tod gefolgt ist, mit geradezu infernalischer Gewißheit vor allem jene Denkergebnisse aufgegriffen hat, die einem in Verwirrung geratenen überschärften Intellekt zu entsprechen scheinen. Wie weit die Geisteskrankheit Nietzsches ihren Schatten auch auf sein früheres Leben geworfen hat, ist ein Streit der Gelehrten: sicher ist jedoch, daß ein Großteil eben jener verhängnisvollen Gedanken, welche von vielen Autoren, Politikern und Demagogen bis zu Hitler und seiner Gefolgschaft zur Vorbereitung eines Weltbrands mißbraucht wurden, mit der Humanität, die Nietzsche in seinem Werk immer wieder zeigt, nicht zu vereinbaren sind.

Will man diese von exaltierter Irrationalität bestimmten Gedanken und Emotionen nun seiner Philosophie vollwertig zurechnen oder auch die symptomatische Perspektive im Auge behalten: Tatsache ist, daß die Schriften Nietzsches durch das Streben vieler seiner erfolgreichsten Verbreiter nach Rechtfertigung unmenschlicher und katastrophaler Extreme oft gerade in ihren fruchtbarsten menschlichen Aussagen verschüttet wurden.

Die einst aus den mythischen Bereichen von Nietzsches Werk oft zitierten Formulierungen, die zur Verblendung einer idealistisch gestimmten Jugend sehr geeignet waren, sind heute verblaßt, auch wenn einige von ihnen unter „postmodernen“ Autoren wieder auftauchen. Die Zeitdistanz und die erschütternde historische Erfahrung hat die einst so aufregende Irrationalität im Werk Nietzsches zurücktreten lassen. Das früher einmal so sehr verherrlichte unheimliche Monsterbild Nietzsche ist verschwunden, und die Umrisse eines in sich gekehrten, unglücklichen, gefährdeten Menschen werden immer deutlicher, der gütig, bescheiden und hilfreich sein konnte, bevor seine Geisteskrankheit die Persönlichkeit zerstörte.

Nach einer langen Phase der Verherrlichung oder auch Verdammung steht ein anderer und wohl der eigentliche Nietzsche vor uns, den diese Auswahl vor allem nahebringen will. Dieser Nietzsche ist ein Philosoph und Schriftsteller, dessen Blick wohl bis zum Übermenschen und zum unbekannten Gott reicht, der aber ebenso die Worte niederschrieb: „Nahe dem Quell mit bescheidener Hand: so füllt er sie dir am leichtesten", und „Alles, was Gold ist, glänzt nicht. Die sanfte Strahlung ist dem edelsten Metalle zu eigen."

Friedrich Wilhelm Nietzsche wurde als erstes Kind einer Pastorenfamilie am 15. Oktober 1844 in Röcken bei Lützen geboren. Kurz nach dem Tod des Vaters zog die Mutter, die gleichfalls einer evangelischen Predigerfamilie entstammte, mit ihm und der zwei Jahre jüngeren Schwester Elisabeth nach Naumburg, wo sie bei der Familie der Schwiegermutter Unterkunft fand. In ausschließlich weiblicher Umgebung – im Hause lebten noch zwei Tanten – und unter kleinen materiellen Verhältnissen aufgewachsen, erhielt Nietzsche nach zwei Jahren Bürgerschule und Gymnasium eine Freistelle an der berühmten Landesschule Pforta, die er bis zu seinem zwanzigsten Lebensjahr besuchte. Es folgten darauf zwei Semester Philologie an der Universität in Bonn und, als sein bedeutendster Lehrer, Friedrich Wilhelm Ritschl, nach Leipzig übersiedelte, vier Semester an der Universität in Leipzig, wo er durch seine außerordentlichen Fähigkeiten und Kenntnisse Aufsehen erregte. Noch vor der Promo-

tion, im Alter von vierundzwanzig Jahren, als Professor der klassischen Philologie an die Universität in Basel berufen, lehrte er dort neben Burckhardt, Bachofen, Hensler und versammelte eine begeisterte Anhängerschaft um sich.
Während des Deutsch-Französischen Krieges verläßt Nietzsche im Jahre 1870 die Lehrkanzel, um als Krankenpfleger menschliches Leiden zu lindern, erkrankt jedoch an der Front bald an Diphtherie und Ruhr und wird so gezwungen, wieder nach Basel zurückzukehren. Von den Nachwirkungen der Erkrankung immer wieder zu Unterbrechungen seiner Lehrtätigkeit veranlaßt, verbringt er Ferien in Lugano und Sorrent. Die Freundschaft mit Richard Wagner, den Nietzsche im Mai 1869 in Triebschen am Vierwaldstätter See kennengelernt hatte, vertieft sich vorerst in zahllosen Gesprächen über die Musik und die gemeinsam verehrte Lehre Arthur Schopenhauers. 1871 entstehen dann die ersten philosophischen Arbeiten: „Die Geburt der Tragödie aus dem Geiste der Musik" mit der Widmung an Richard Wagner, 1873 bis 1876 die „Unzeitgemäßen Betrachtungen", ebenso die Schriften „Vom Nutzen und Nachteil der Historie für das Leben" und „Schopenhauer als Erzieher". 1878 erscheint das dem Genius Voltaires gewidmete erste Aphorismenbuch „Menschliches, Allzumenschliches", das, nach dem Erkalten der Beziehungen zu Wagner, sich mit der

Übersendung des eben vollendeten „Parsifal" wie eine gegenseitige Kampfansage kreuzt.

1879 treten die Anzeichen einer ernstlichen Erkrankung immer schärfer auf, so daß Nietzsche seine Basler Lehrtätigkeit aufgibt. Das nächste Jahrzehnt, in dessen Verlauf er in ungeheurer geistiger Fruchtbarkeit ein Werk nach dem anderen verfaßt („Menschliches, Allzumenschliches" II. Teil, 1879, „Morgenröte" 1881, „Die fröhliche Wissenschaft" 1882, „Also sprach Zarathustra" I–IV 1884, „Jenseits von Gut und Böse" 1885, „Zur Genealogie der Moral", „Der Wille zur Macht" 1887, „Ecce homo", „Der Fall Wagner", „Götzendämmerung", „Der Antichrist", „Nietzsche contra Wagner" 1888), ist von ruheloser Wanderschaft erfüllt, wobei er sich zumeist im Engadin, an der Riviera, in Turin und Venedig unter bescheidensten Bedingungen aufhält. Von fürchterlichen Kopfschmerzen und Sehstörungen geplagt, führt er ein qualvolles Einsiedlerleben, bis er im Jänner 1889, vierundvierzig Jahre alt, in Turin völlig zusammenbricht und in geistige Umnachtung fällt. Nach kurzem, erfolglosem Aufenthalt in einer Heilanstalt in Jena betreut ihn seine Mutter in Naumburg und nach ihrem Tode die Schwester, Elisabeth Förster-Nietzsche in Weimar, bis Nietzsche am 25. August 1900 stirbt.

Über Nietzsches Erkrankung und ihre verschiedenen

Phasen wurde viel geschrieben, die Wissenschaftler sind sich über eine eindeutige Analyse nicht klargeworden. Nach wie vor sprechen viele Symptome für eine progressive Paralyse. Die dramatischen Ereignisse des Ausbruchs der Krankheit und die fragwürdige Rolle von Nietzsches Schwester Elisabeth waren Anlaß für umfangreiche Forschungen. Sicher ist, daß bereits Elisabeth Förster-Nietzsche für eine einseitige Interpretation der Werke ihres Bruders und für eine unvertretbare Legendenbildung durch deformierte Darstellung der Wahrheit und reichlich eigenwillige Verwaltung des Nachlasses verantwortlich wurde.
Die erste maßgebende geistige Begegnung hatte Friedrich Nietzsche mit dem Werk Arthur Schopenhauers, dessen pessimistisches Weltgefühl und dessen aufrechte sittliche Persönlichkeit seinem Ideal des Philosophen am nächsten zu kommen schienen. Genau betrachtet, findet man damals eine ganze Reihe deutlich erkennbarer Entwicklungslinien, die einer Zusammenfassung entgegenwarteten und so auch von historischer Seite die grandiose Erscheinung Nietzsches natürlicher und menschlicher erscheinen lassen.
Schon um die Zeit der Geburt Nietzsches hatte die große idealistische Bewegung der deutschen Philosophie, getragen von Friedrich Hegel (1770 bis 1831), Friedrich Schelling (1775 bis 1854) und Johann Gottlieb Fichte (1762 bis 1814), ihre Kraft verloren: ein

bescheidenes Epigonentum bevölkerte die Universitäten und galt als Schulmeinung. Von diesem Hintergrund begannen sich nun Profile abzuheben, deren Gegensätzlichkeit nur in einem Punkt zusammenfiel, in dem scharfen Angriff auf bisher aufgestellte ethische Prinzipien. Ludwig Feuerbach, Max Stirner, Charles Darwin und Karl Marx zählten zu diesen Persönlichkeiten. In der Literatur wären unter vielen anderen Henrik Ibsen und August Strindberg zu erwähnen. Friedrich Nietzsche gehört zweifellos zu jenen Philosophen, die auf die Zukunft, auf das Denken, die Literatur, die Kunst, die Wissenschaft, die Zeitstimmung stärksten Einfluß ausgeübt haben. So gegensätzliche Persönlichkeiten wie Sigmund Freud und Oswald Spengler, Max Scheler und Martin Heidegger, Ludwig Klages und Karl Jaspers, Elias Canetti, Manès Sperber und E. M. Cioran, um nur einige wenige zu nennen, haben durch die Auseinandersetzung mit Nietzsche entscheidende Impulse erhalten. Jacques Derrida und die Anhänger einer ,,Postmoderne" sorgen für weitere Diskussionen über Nietzsche.

Die vorliegende Auswahl versucht, den Weg zu jenem Nietzsche zu erleichtern, der in den verhängnisvollen irrationalen Phasen unserer Vergangenheit verschüttet wurde. Auch später noch blieb dieser Nietzsche für viele verborgen, oft weil man ihn mit seinem Gesamtwerk für den demagogischen Mißbrauch verantwortlich machte, der von manchen Ideologen und Politikern getrieben wurde. Gewiß kann es geschehen, daß wieder einmal, wenn auch von anderer Seite, Nietzsche für eine gefährliche Glorifizierung des Irrationalen einseitig benützt wird, doch soll in dieser Auswahl gezeigt werden, daß eine solche Interpretation das entscheidende Gegengewicht beiseite läßt.

W. K.

NIETZSCHE BREVIER

GROSSE ERKENNTNIS

Vorwärts auf der Bahn der Weisheit, guten Schrittes, guten Vertrauens! Wie du auch bist, so diene dir selber als Quell der Erfahrung! Wirf das Mißvergnügen über dein Wesen ab, verzeihe dir dein eigenes Ich: denn in jedem Falle hast du an dir eine Leiter mit hundert Sprossen, auf welcher du zur Erkenntnis steigen kannst.

Die einzige Kritik einer Philosophie ist die, ob man nach ihr leben könne.

Alles G u t e muß aus der Geistigkeit stammen, muß Bewußtseinstatsache sein.

Der Fortschritt zum B e s s e r e n kann nur ein Fortschritt im Bewußtwerden sein.

Die stillsten Worte sind es, welche den Sturm bringen. Gedanken, die mit Taubenfüßen kommen, lenken die Welt.

Es gibt Höhen der Seele, von wo aus gesehen selbst die Tragödie aufhört, tragisch zu wirken.

Das Produkt des Philosophen ist sein Leben (zuerst, vor seinen Werken). Das ist sein Kunstwerk.

Ich mache mir aus einem Philosophen gerade so viel, als er imstande ist, ein Beispiel zu geben. Daß er durch das Beispiel ganze Völker nach sich ziehen kann, ist kein Zweifel.

Saht ihr wirklich je einen Menschen, der tat, was ihm nützlich ist?

Zum Eigennutz sind die meisten zu dumm...

Die „Selbstlosigkeit" hat keinen Wert im Himmel und auf Erden; die großen Probleme verlangen alle die große Liebe, und dieser sind nur die starken, runden, sicheren Geister fähig, die fest auf sich selber sitzen.

Auch jetzt wollen wir für unsere Mitmenschen arbeiten, aber nur so weit, als wir unseren eigenen höchsten Vorteil in dieser Arbeit finden, nicht mehr, nicht weniger. Es kommt nur darauf an, was man als seinen Vorteil versteht.

Wandle zurück, in die Fußstapfen tretend, in welchen die Menschheit ihren leidvollen Gang durch die Wüste der Vergangenheit machte: so bist du am gewissesten belehrt, wohin alle spätere Menschheit nicht wieder gehen kann oder darf. Und indem du mit aller Kraft voraus erspähen willst, wie der Knoten der Zukunft noch geknüpft wird, *bekommt dein eigenes Leben den Wert eines Werkzeuges und Mittels zur Erkenntnis.* Du hast es in der Hand, zu erreichen, daß all dein Erlebtes: die Versuche, Irrwege, Fehler, Täuschungen, Leidenschaften, deine Liebe und deine Hoffnung, in deinem Ziele ohne Rest aufgehen.

Dein Leben sei ein hundertfältiger Versuch: dein Mißlingen und Gelingen sei ein Beweis; und sorge dafür, daß man wisse, was du versucht und bewiesen hast.

Wer nur einigermaßen zur Freiheit der Vernunft gekommen ist, kann sich auf Erden nicht anders fühlen denn als Wanderer... Er will zusehen und die Augen dafür offen haben, was alles in der Welt eigentlich vorgeht; deshalb darf er sein Herz nicht allzufest an alles einzelne anhängen; es muß in ihm selber etwas Wanderndes sein, das seine Freude an dem Wechsel und der Vergänglichkeit hat.

Der Weise straft nicht, weil schlecht gehandelt worden ist, sondern damit nicht schlecht gehandelt werde.

„Feind" sollt ihr sagen, aber nicht „Bösewicht"; „Kranker" sollt ihr sagen, aber nicht „Schuft"; „Tor" sollt ihr sagen, aber nicht „Sünder".

Sokrates und Plato haben recht: was auch der Mensch tue, er tut immer das Gute, das heißt: das, was ihm gut (nützlich) scheint, je nach dem Grade seines Intellektes, dem jedesmaligen Maße seiner Vernünftigkeit.

Hat man begriffen, wie „die Sünde in die Welt gekommen" ist, nämlich durch Irrtümer der Vernunft, vermöge deren die Menschen untereinander, ja, der einzelne Mensch sich selbst für viel schwärzer und böser nimmt, als es tatsächlich der Fall ist, so wird die ganze Empfindung sehr erleichtert, und Menschen und Welt erscheinen mitunter in einer Glorie von Harmlosigkeit, daß es einem von Grund aus wohl dabei wird. Der Mensch ist inmitten der Natur immer das Kind an sich. Dieses Kind träumt wohl einmal einen schweren beängstigenden Traum; wenn es aber die Augen aufschlägt, so sieht es sich immer wieder im Paradiese.

Was aus Liebe getan wird, geschieht immer jenseits von Gut und Böse.

Weder gut noch böse ist die Welt! Und der Mensch also!

Von allen Handlungen werden wohl am wenigsten die nach Zwecken verstanden, weil sie immer als die verständlichsten gegolten haben und für unser Bewußtsein das Alltäglichste sind. Die großen Probleme liegen auf der Gasse.

Wahrscheinlichkeit, aber keine Wahrheit: Freischeinlichkeit, aber keine Freiheit — diese beiden Früchte sind es, derentwegen der Baum der Erkenntnis nicht mit dem Baum des Lebens verwechselt werden kann.

Die vollkommene Erkenntnis tötet das Handeln: ja, wenn sie sich auf das Erkennen selbst bezieht, so tötet sie sich selbst. Nun ist die vollkommene Erkenntnis unmöglich, und deshalb ist auch das Handeln möglich.

Jede Philosophie muß das können, was ich fordere: einen Menschen konzentrieren.

„Einfach und natürlich" zu sein, ist das höchste und letzte Ziel der Kultur! Inzwischen wollen wir uns bestreben, uns zu binden und zu formen, damit wir zuletzt vielleicht ins Einfache und Schöne zurückkommen.

Das vorbildliche Leben besteht in der Liebe und Demut; in der Herzensfülle, welche auch den Niedrigsten nicht ausschließt; in der förmlichen Verzichtleistung auf das Rechtbehaltenwollen, auf Verteidigung, auf Sieg im Sinne des persönlichen Triumphes; im Glauben an die Seligkeit hier auf Erden, trotz Not, Widerstand und Tod; in der Versöhnlichkeit, in der Abwesenheit des Zornes, in der Verachtung. Nicht belohnt werden wollen, niemandem sich verbunden haben: ein sehr stolzes Leben unter dem Willen zum armen und dienenden Leben.

Zuletzt wißt ihr gut genug, daß nichts daran liegen darf, ob gerade i h r recht behaltet, und daß eine preiswürdigere Wahrhaftigkeit in jedem kleinen Fragezeichen liegen dürfte, welches ihr hinter eure Leibworte und Lieblingslehren setzt, als in allen feierlichen Gebärden und Trümpfen vor Anklägern und Gerichtshöfen! Geht lieber beiseite! Flieht ins Verborgene! Und vergeßt mir den Garten nicht, den Garten mit goldenem Gitterwerk! Und habt Menschen um euch, die wie ein Garten sind — oder wie Musik über Wassern, zur Zeit des Abends, wo der Tag schon zur Erinnerung wird —; wählt die g u t e Einsamkeit, die freie, mutwillige, leichte Einsamkeit, welche euch auch ein Recht gibt, selbst in irgendeinem Sinne noch gut zu bleiben!

Wo wir Begabung ohne jene Sehnsucht finden, im Kreise der Gelehrten oder auch bei den sogenannten Gebildeten, macht sie uns Widerwillen und Ekel; denn wir ahnen, daß solche Menschen, mit all ihrem Geiste, eine werdende Kultur nicht fördern, sondern verhindern.

Der Mensch ist ein Seil, geknüpft zwischen Tier und Übermensch, — ein Seil über einem Abgrunde.

Allmählich ist mir das Licht über den allgemeinsten Mangel unserer Art Bildung und Erziehung aufgegangen: niemand lernt, niemand strebt danach, niemand lehrt — *die Einsamkeit ertragen.*

Zehnmal mußt du des Tages dich selber überwinden: das macht eine gute Müdigkeit und ist Mohn der Seele.
Zehnmal mußt du dich wieder mit dir selber versöhnen; denn Überwindung ist Bitternis, und schlecht schläft der Unversöhnte.
Zehn Wahrheiten mußt du des Tages finden: sonst suchst du noch des Nachts nach Wahrheit, und deine Seele blieb hungrig.

Das Leben besteht aus seltenen einzelnen Momenten von höchster Bedeutsamkeit und unzählig vielen Intervallen, in denen uns bestenfalls die Schattenbilder jener Momente umschweben. Die Liebe, der Frühling, jede schöne Melodie, das Gebirge, der Mond, das Meer — alles redet nur einmal ganz zum Herzen: wenn es überhaupt je ganz zu Worte kommt. Denn viele Menschen haben jene Momente gar nicht und sind selber Intervalle und Pausen in der Symphonie des wirklichen Lebens.

Gesetzt, wir sagen ja zu einem einzigen Augenblick, so haben wir zu allem Dasein ja gesagt.

Leben — das heißt für uns, alles, was wir sind, beständig in Licht und Flamme verwandeln; auch alles, was uns trifft, wir können gar nicht anders.

... Leben überhaupt heißt in Gefahr sein.

Tausend Pfade gibt es, die nie noch gegangen sind, tausend Gesundheiten und verborgene Eilande des Lebens.
Unerschöpft und unentdeckt ist immer noch Mensch und Menschenerde.

Unser Leben soll ein Steigen sein von Hochebene zu Hochebene, aber kein Fliegen und Fallen . . .

Ich lehre euch den Übermenschen. Der Mensch ist etwas, das überwunden werden soll. Was habt ihr getan, ihn zu überwinden?
Alle Wesen bisher schufen etwas über sich hinaus: und ihr wollt die Ebbe dieser großen Flut sein und lieber noch zum Tiere zurückgehen als den Menschen überwinden?
Was ist der Affe für den Menschen? Ein Gelächter oder eine schmerzliche Scham. Und ebendas soll der Mensch für den Übermenschen sein: ein Gelächter oder eine schmerzliche Scham.
Ihr habt den Weg vom Wurme zum Menschen gemacht, und vieles ist in euch noch Wurm. Einst waret ihr Affen, und auch jetzt noch ist der Mensch mehr Affe als irgendein Affe. Wer aber der Weiseste unter euch ist, der ist auch nur ein Zwiespalt und Zwitter von Pflanze und von Gespenst. Aber heiße ich euch zu Gespenstern oder Pflanzen werden?
Seht, ich lehre euch den Übermenschen.
Der Übermensch ist der Sinn der Erde. Euer

Wille sage: Der Übermensch sei der Sinn der Erde!

Du legtest dein höchstes Ziel diesen Leidenschaften ans Herz: da wurden sie deine Tugenden und Freudenschaften.
Und ob du aus dem Geschlechte der Jähzornigen wärest oder aus dem der Wollüstigen oder der Glaubenswütigen oder der Rachsüchtigen: Am Ende wurden alle deine Leidenschaften zu Tugenden und alle deine Teufel zu Engeln. Einst hattest du wilde Hunde in deinem Keller: aber am Ende verwandelten sie sich zu Vögeln und lieblichen Sängerinnen.

Die Zukunft und das Fernste sei dir die Ursache deines Heute. Meine Brüder, zur Nächstenliebe rate ich euch nicht: ich rate euch zur Fernsten-Liebe.

Ich liebe den, welcher goldene Worte seinen Taten vorauswirft und immer noch mehr hält, als er verspricht ... Ich liebe den, dessen Seele sich verschwendet, der nicht Dank haben will und nicht zurückgibt: denn er schenkt immer und will sich nicht bewahren.

Sagt mir doch: Wie kam Gold zum höchsten Werte? Darum, daß es ungemein ist und unnützlich und leuchtend und mild im Glanze; es schenkt sich immer.
Nur als Abbild der höchsten Tugend kam Gold zum höchsten Werte. Goldgleich leuchtet der Blick dem Schenkenden. Goldesglanz schließt Friede zwischen Mond und Sonne. Ungemein ist die höchste Tugend und unnützlich, leuchtend ist sie und mild im Glanze: eine schenkende Tugend ist die höchste Tugend.

Sagt mir, meine Brüder: Was gilt uns als Schlechtes und Schlechtestes? Ist es nicht E n t a r t u n g ? — Und auf Entartung raten wir immer, wo die schenkende Seele fehlt.

Ohne Lust kein Leben; der Kampf um die Lust ist der Kampf um das Leben.

Dieses letzte, freudigste Ja zum Leben ist nicht nur die höchste Einsicht, es ist auch die t i e f s t e, die von Wahrheit und Wissenschaft am strengsten bestätigte und aufrechterhaltene. Es ist nichts, was ist, abzurechnen, es ist nichts entbehrlich.

TÄTIGES BEWÄHREN

Ja, ich kenne deine Gefahr. Aber bei meiner Liebe und Hoffnung beschwöre ich dich: wirf deine Liebe und Hoffnung nicht weg!

Nichts ist kostspieliger als ein falscher Wahn über Gut und Böse!

Nie etwas zurückhalten oder dir verschweigen, was gegen deinen Gedanken gedacht werden kann! Gelobe es dir! Es gehört zur ersten Redlichkeit des Denkers. Du mußt jeden Tag auch deinen Feldzug gegen dich selber führen.

Hilf dir selber: dann hilft dir noch jedermann.

Was mich nicht umbringt, macht mich stärker.

Alle gut verfolgten Dinge hatten bisher Erfolg.

Nur der Grad der Vernunft in der Kraft ist entscheidend.

Redlich gegen uns und was sonst uns Freund ist; tapfer gegen den Feind; großmütig gegen den Besiegten; höflich — immer: so wollen uns die vier Kardinaltugenden.

Ein Herz voll Tapferkeit und guter Dinge braucht von Zeit zu Zeit etwas Gefahr, sonst wird ihm die Welt unausstehlich.

Alle sogenannten praktischen Menschen haben ein Geschick zum Dienen: das eben macht sie praktisch, sei es für andere oder für sich selber. Robinson besaß noch einen besseren Diener, als Freitag war: das war Crusoe.

Wer unter Menschen nicht verschmachten will, muß lernen, aus allen Gläsern zu trinken; und wer unter Menschen rein bleiben will, muß verstehen, sich auch mit schmutzigem Wasser zu waschen.

Das Talent manches Menschen erscheint geringer, als es ist, weil er sich immer zu große Aufgaben gestellt hat.

In einer so hoch entwickelten Menschheit, wie die jetzige ist, bekommt von Natur jeder den Zugang zu vielen Talenten mit. Jeder hat *angeborenes Talent*, aber nur wenigen ist der Grad von Zähigkeit, Ausdauer, Energie angeboren und anerzogen, so daß er wirklich ein Talent wird, also *wird*, was er *ist*, das heißt: es in Werken und Handlungen entladet.

Wie kommen Menschen zu einer großen Kraft und zu einer großen Aufgabe? Alle Tugend und Tüchtigkeit am Leib und an der Seele ist mühsam und im Kleinen erworben worden durch viel Fleiß, Selbstbezwingung, Beschränkung auf weniges, durch viel zähe, treue Wiederholung der gleichen Arbeiten, der gleichen Entsagungen.

Man scheint noch nicht daran gedacht zu haben, daß Reden und Schreiben Künste sind, die nicht ohne die sorgsamste Anleitung und die mühevollsten Lehrjahre erworben werden können.

Der Wert davon, daß man zeitweilig eine strenge Wissenschaft streng betrieben hat, beruht nicht gerade in deren Ergebnissen: denn diese werden, im Verhältnis zum Meere des Wissenswerten, ein verschwindend kleiner

Tropfen sein. Aber es ergibt einen Zuwachs an Energie, an Schlußvermögen, an Zähigkeit der Ausdauer; man hat gelernt, einen Zweck zweckmäßig zu erreichen. Insofern ist es sehr schätzbar, in Hinsicht auf alles, was man später treibt, einmal ein wissenschaftlicher Mensch gewesen zu sein.

Kein Strom ist durch sich selber groß und reich: sondern daß er so viele Nebenflüsse aufnimmt und fortführt, das macht ihn dazu. So steht es auch mit allen Größen des Geistes. Nur darauf kommt es an, daß einer die Richtung angibt, welcher dann so viele Zuflüsse folgen müssen; nicht darauf, ob er von Anbeginn arm oder reich begabt ist.

Prüfet das Leben der besten und fruchtbarsten Menschen und Völker und fragt euch, ob ein Baum, der stolz in die Höhe wachsen soll, des schlechten Wetters und der Stürme entbehren könne: ob Ungunst und Widerstand von außen, ob irgendwelche Arten von Haß, Eifersucht, Eigensinn, Mißtrauen, Härte, Habgier und Gewaltsamkeit nicht zu den begünstigenden Umständen gehören, ohne welche ein großes Wachstum selbst in der Tugend kaum möglich ist? Das Gift, an dem die schwächere Natur zugrunde geht, ist für den Starken Stärkung, und er nennt es auch nicht Gift.

Wie oft wird dem einzelnen angeraten, sich ein Ziel zu setzen, das er nicht erreichen kann und das über seine Kräfte geht, um so wenigstens das zu erreichen, was seine Kräfte bei der allerhöchsten Anspannung leisten können! Ist dies aber wirklich so wünschenswert? Bekommen nicht notwendig die besten Menschen, die nach dieser Lehre leben, und ihre besten Handlungen etwas Übertriebenes und Verzerrtes, eben weil zuviel Spannung in ihnen ist? Und verbreitet sich nicht ein grauer Schimmer von Erfolglosigkeit dadurch über die Welt, daß man immer kämpfende Athleten, ungeheuere Gebärden und nirgends einen bekränzten und siegesgemuten Sieger sieht?

Wollt ihr hoch hinaus, so braucht die eigenen Beine! Laßt euch nicht emportragen, setzt euch nicht auf fremde Rücken und Köpfe!

Du aber stiegst zu Pferde? Du reitest nun hurtig hinauf zu deinem Ziele? Wohlan, mein Freund! Aber dein lahmer Fuß sitzt auch mit zu Pferde! Wenn du an deinem Ziele bist, wenn du von deinem Pferde springst: auf deiner Höhe gerade... wirst du stolpern!

Begehren heißt, sich verloren haben.

Man kann sagen, daß nur der, welcher das allgemeine Gemälde des Lebens und Daseins fest ins Auge gefaßt hat, sich der einzelnen Wissenschaften ohne eigene Schädigung bedienen wird, denn ohne ein solches regulatives Gesamtbild sind sie Stricke, die nirgends ans Ende führen und unseren Lebenslauf nur noch verwirrter und labyrinthischer machen.

Man vergißt über der Reise gemeinhin deren Ziel. Fast jeder Beruf wird als Mittel zu einem Zweck gewählt und begonnen, aber als letzter Zweck fortgeführt. Das Vergessen der Absichten ist die häufigste Dummheit, die gemacht wird.

Jeder Spezialist hat seinen Buckel.

Die Meister ersten Ranges geben sich dadurch zu erkennen, daß sie, im Großen wie im Kleinen, auf eine vollkommene Weise das Ende zu finden wissen, sei es das Ende einer Melodie oder eines Gedankens, sei es der fünfte Akt einer Tragödie oder Staatsaktion.

Je abstrakter die Wahrheit ist, die du lehren willst, um so mehr mußt du noch die Sinne zu ihr verführen.

„Die Regel ist mir immer interessanter als die Ausnahme" — wer so empfindet, der ist in der Erkenntnis weit voraus und gehört zu den Eingeweihten.

Wer sich tief weiß, bemüht sich um Klarheit; wer der Menge tief scheinen möchte, bemüht sich um die Dunkelheit.

Wenn einer viel und klug denkt, so bekommt nicht nur sein Gesicht, sondern auch sein Körper ein kluges Aussehen.

Eine vornehme Seele wird sich gern zur Dankbarkeit verpflichtet fühlen und den Gelegenheiten, bei denen sie sich verpflichtet, nicht ängstlich aus dem Wege gehen; ebenso wird sie nachher gelassen in den Äußerungen der Dankbarkeit sein; während niedere Seelen sich gegen alles Verpflichtetwerden sträuben und nachher in den Äußerungen ihrer Dankbarkeit übertrieben und allzusehr beflissen sind.

Zeichen der Vornehmheit: nie daran denken, unsere Pflichten zu Pflichten für jedermann herabzusetzen; die eigene Verantwortlichkeit nicht abgeben wollen, nicht teilen wollen; seine Vorrechte und deren Ausübung unter seine Pflichten rechnen.

Der Mensch beträgt sich unwillkürlich vornehm, wenn er sich gewöhnt hat, von den Menschen nichts zu wollen und ihnen immer zu geben.

Es ist das Vorrecht der Größe, mit geringen Gaben hoch zu beglücken.

Vor nichts soll man sich so hüten als vor dem Aufwachsen jenes Unkrauts, welches Anmaßung heißt und uns jede gute Ernte verdirbt; denn es gibt Anmaßung in der Herzlichkeit, in der Ehrenbezeigung, in der wohlwollenden Vertraulichkeit, in der Liebkosung, im freundschaftlichen Rate, im Eingestehen von Fehlern, in dem Mitleid für andere, und alle diese schönen Dinge erregen Widerwillen, wenn jenes Kraut dazwischen wächst. Der Anmaßende, das heißt der, welcher mehr bedeuten will, als er ist *oder gilt*, macht immer eine falsche Berechnung. Zwar hat er den augenblicklichen Erfolg für sich, insofern die Menschen, vor denen er anmaßend ist, ihm gewöhnlich das Maß von Ehre zollen, welches er fordert, aus Angst oder Bequemlichkeit; aber sie nehmen eine schlimme Rache dafür, insofern sie ebensoviel, als er über das Maß forderte, von dem Werte subtrahieren, den sie ihm bis jetzt beilegten. Es ist nichts, was die Menschen sich teuerer bezahlen lassen als Demütigung. Der Anmaßende kann sein wirkliches großes Verdienst so in den Augen der anderen verdächtigen und klein machen, daß man mit staubigen Füßen darauf tritt. — Selbst ein stolzes Benehmen sollte man sich nur dort erlauben, wo man ganz sicher sein kann, nicht mißverstanden und als anmaßend betrachtet zu werden, zum Beispiel vor Freunden und Gattinnen. Denn es gibt im Verkehr mit Menschen keine größere Torheit, als sich den Ruf der Anmaßung zuzuziehen.

Man verlernt die Anmaßung, wenn man sich immer unter verdienten Menschen weiß: Alleinsein pflanzt Übermut. Junge Leute sind anmaßend, denn sie gehen mit ihresgleichen um, welche alle nichts sind, aber gerne viel bedeuten.

Mißtraut allen denen, die viel von ihrer Gerechtigkeit reden!

Also aber rate ich euch, meine Freunde: mißtraut allen, in welchen der Trieb zu strafen mächtig ist!

Im Haß ist F u r c h t.

Man wird selten irren, wenn man extreme Handlungen auf Eitelkeit, mittelmäßige auf Gewöhnung und kleinliche auf Furcht zurückführt.

Gesetzt, jemand nimmt gar die Affekte Haß, Neid, Habsucht, Herrschsucht als lebenbedingte Affekte, als etwas, das im Gesamthaushalte des Lebens grundsätzlich und grundwesentlich vorhanden sein muß, folglich noch gesteigert werden muß, falls das Leben noch gesteigert werden soll — der leidet an einer solchen Richtung seines Urteiles wie an einer Seekrankheit.

Manchmal kehrt, im Verhältnis von uns zu einem anderen Menschen, das rechte Gleichgewicht der Freundschaft zurück, wenn wir in unsere eigene Waagschale einige Gran Unrecht legen.

Es ist schwer, mit Menschen zu leben, weil Schweigen so schwer ist.

Man soll nur reden, wo man nicht schweigen darf; und nur von dem reden, was man überwunden hat — alles andere ist Geschwätz.

Das geringste Schaffen steht höher als das Reden über Geschaffenes.

Bei tiefen Menschen wie bei tiefen Brunnen dauert es lange, bis etwas, das in sie fällt, ihren Grund erreicht. Die Zuschauer, welche gewöhnlich nicht lange genug warten, halten solche Menschen leicht für unbeweglich und hart — oder auch für langweilig.

Alle leicht „begeisterten" Geister waren bisher oberflächlich.

In der Leutseligkeit ist viel Menschenverachtung.

Wer die Vertraulichkeit mit einer anderen Person geflissentlich zu erzwingen sucht, ist gewöhnlich nicht sicher darüber, ob er ihr Vertrauen besitzt. Wer des Vertrauens sicher ist, legt auf Vertraulichkeit wenig Wert.

Nach einem Gespräch mit jemandem ist man am besten auf den Mitunterredner zu sprechen, wenn man Gelegenheit hatte, seinen Geist, seine Liebenswürdigkeit vor ihm im ganzen Glanze zu zeigen. Dies benutzen kluge Menschen, welche jemandem sich günstig stimmen wollen, indem sie bei der Unterredung ihm die besten Gelegenheiten zu einem guten Witz und dergleichen zuschieben.

Kinder aus bescheidenen Familien muß man ebensosehr das Befehlen durch Erziehung lehren wie andere Kinder das Gehorchen.

Wenn der Mensch eben sehr geehrt worden ist und ein wenig gegessen hat, so ist er am mildtätigsten.

Mit unsichtbaren Fäden wird man am festesten gebunden.

Dem wird befohlen, der sich nicht selber gehorchen kann.

Man kritisiert einen Denker schärfer, wenn er einen uns unangenehmen Satz hinstellt; und doch wäre es viel vernünftiger, dies zu tun, wenn sein Satz uns angenehm ist.

Du ärgerst dich: also habe ich über dich recht!

Die für beide Parteien unangenehmste Art, eine Polemik zu erwidern, ist, sich ärgern und schweigen: denn der Angreifende erklärt sich das Schweigen gewöhnlich als Zeichen der Verachtung.

Bei erregbaren Naturen sind die ersten Worte unbezeichnend für ihren eigentlichen Charakter.

Unsere gewöhnliche Stimmung hängt von der Stimmung ab, in der wir unsere Umgebung zu erhalten wissen.

Wer viel Freude hat, muß ein guter Mensch sein.

Was tun, um sich anzuregen, wenn man müde und seiner selbst satt ist? Der eine empfiehlt die Spielbank, der andere das Christentum, der dritte die Elektrizität. Das Beste aber, mein lieber Melancholiker, ist und bleibt: viel schlafen, eigentlich und uneigentlich! So wird man auch seinen Morgen wieder haben! Das Kunststück der Lebensweisheit ist, den Schlaf jeder Art zur rechten Zeit einzuschieben wissen.

VOM REICHEN ERLEBEN

Werde notwendig! Werde hell! Werde schön! Werde heil! — Dieser liebt den Vogel in seinem Fluge und jener sieht nur Morgenröten und Meere.

Wunsch sein von Grund aus und ein Vogel nach fernen Küsten: das ist mir Glück.

Wünsche will ich, nichts als Wünsche: immer an Stelle der Erfüllung einen neuen Wunsch.

Eure Liebe zum Leben sei Liebe zu eurer höchsten Hoffnung: und eure höchste Hoffnung sei der höchste Gedanke des Lebens!

Ein Philosoph: das ist ein Mensch, der beständig außerordentliche Dinge erlebt, sieht, hört, argwöhnt, hofft, träumt; der von seinen eigenen Gedanken wie von außen her, wie von oben oder unten her, als von s e i n e r Art Ereignissen und Blitzschlägen getroffen wird, der selbst vielleicht ein Gewitter ist, welches mit neuen Blitzen schwanger geht.

S u m m a: die H e r r s c h a f t über die Leidenschaften, n i c h t deren Schwächung oder Ausrottung! — Je größer die Herrschaft des Willens ist, um soviel mehr Freiheit darf den Leidenschaften gegeben werden.

Die Größe des Charakters besteht nicht darin, daß man diese Affekte nicht besitzt — im Gegenteil, man hat sie im furchtbarsten Grade: aber daß man sie am Zügel führt...

Es ist leichter, einer Begierde ganz zu entsagen, als in ihr Maß zu halten.

Um weise zu werden, muß man gewisse Erlebnisse erleben w o l l e n, also ihnen in den Rachen laufen.

Wie! Du bedarfst noch des Theaters! Bist du noch so jung? Werde klug und suche die Tragödie und Komödie dort, wo sie besser gespielt wird! Wo es interessanter und interessierter zugeht! Ja, es ist nicht ganz leicht, dabei eben nur Zuschauer zu bleiben — aber lerne es! Und fast in allen Lagen, die dir schwer und peinlich fallen, hast du dann ein

Pförtchen zur Freude und eine Zuflucht, selbst noch, wenn deine eigenen Leidenschaften über dich herfallen.

Nur von Selbsterziehung sollte man als Denker reden. Die Jugenderziehung durch andere ist entweder ein Experiment an einem noch Unerkannten, Unerkennbaren vollzogen, oder eine grundsätzliche Nivellierung, um das neue Wesen, welches es auch sei, den Gewohnheiten und Sitten, welche herrschen, gemäß zu machen. Eines Tages, wenn man längst, nach der Meinung der Welt, erzogen ist, entdeckt man sich selber: da beginnt die Aufgabe des Denkers; jetzt ist es Zeit, ihn zu Hilfe zu rufen — nicht als einen Erzieher, sondern als einen Selbsterzogenen, der Erfahrung hat.

Dies ist ein Gleichnis für jeden einzelnen von uns: er muß das Chaos in sich organisieren, dadurch, daß er sich auf die echten Bedürfnisse zurückbesinnt. Seine Ehrlichkeit, sein tüchtiger und wahrhaftiger Charakter muß sich irgendwann einmal dagegen sträuben, daß immer nur nachgesprochen, nachgelernt, nachgeahmt werde; er beginnt dann zu begreifen, daß Kultur noch etwas anderes sein kann als Dekoration des Lebens, das heißt im Grunde doch immer nur Verstellung.

Der Mensch, der seine Leidenschaften überwunden hat, ist in den Besitz des fruchtbarsten Erdreiches getreten: wie der Kolonist, der über die Wälder und Sümpfe Herr geworden ist. Auf dem Boden der bezwungenen Leidenschaften den Samen der guten geistigen Werke säen, ist dann die dringende nächste Aufgabe. Die Überwindung selber ist nur ein Mittel, kein Ziel; wenn sie nicht so angesehen wird, so wächst schnell allerlei Unkraut und Teufelszeug auf dem leer gewordenen fetten Boden auf, und bald geht es auf ihm voller und toller zu als je zuvor.

Langsam und kleinlich sind alle Kuren; auch wer seine Seele heilen will, soll über die Veränderung der kleinsten Gewohnheiten nachdenken. Mancher sagt zehnmal des Tages ein böses, kaltes Wort an seine Umgebung und denkt sich wenig dabei, namentlich nicht, daß nach einigen Jahren er ein Gesetz der Gewohnheit über sich geschaffen hat, welches ihn nunmehr nötigt, zehnmal jedes Tages seine Umgebung zu verstimmen. Aber er kann sich auch daran gewöhnen, ihr zehnmal wohlzutun!

Man kann wie ein Gärtner mit seinen Trieben schalten und, was wenige wissen, die Keime des Zorns, des Mitleidens, des Nachgrübelns, der Eitelkeit so fruchtbar und nutzbringend ziehen wie ein schönes Obst an Spalieren; man kann es tun mit dem guten und dem schlechten Geschmack eines Gärtners und gleichsam in französischer oder englischer oder holländischer oder chinesischer Manier; man kann auch die Natur walten lassen und nur hier und da für ein wenig Schmuck und Reinigung sorgen; man kann endlich auch ohne alles Wissen und Nachdenken die Pflanzen in ihren natürlichen Begünstigungen und Hindernissen aufwachsen und unter sich ihren Kampf auskämpfen lassen — ja man kann an einer solchen Wildnis seine Freude haben und gerade diese Freude haben wollen, wenn man auch seine Not damit hat. Dies alles steht uns frei: aber wie viele wissen denn davon, daß uns dies freisteht? Glauben nicht die meisten an sich wie an vollendete, ausgewachsene Tatsachen? Haben nicht große Philosophen noch ihre Siegel auf dies Vorurteil gedrückt, mit der Lehre von der Unveränderlichkeit des Charakters?

Mit dreißig Jahren ist man, im Sinne hoher Kultur, ein Anfänger, ein Kind.

Ein Mensch, der über seinen Jähzorn, seine Gall- und Rachsucht, seine Wollust nicht Meister werden will und es versucht, irgendworin sonst Meister zu werden, ist so dumm wie der Ackermann, der neben einem Wildbach seine Äcker anlegt, ohne sich gegen ihn zu schützen.

Die höchsten Menschen leiden am meisten am Dasein — aber sie haben auch die größten Gegenkräfte.

Unsere Mängel sind unsere besten Lehrer.

Der Denker sieht in seinen eigenen Handlungen Versuche und Fragen, irgendworüber Aufschluß zu erhalten: Erfolg und Mißerfolg sind ihm zu allererst Antworten. Sich aber darüber, daß etwas mißrät, ärgern oder gar Reue empfinden — das überläßt er denen, welche handeln, weil es ihnen befohlen wird und welche Prügel zu erwarten haben, wenn der gnädige Herr mit dem Erfolg nicht zufrieden ist.

Im Verlaufe der höheren Bildung wird dem Menschen alles interessant, er weiß die belehrende Seite einer Sache rasch zu finden und den Punkt anzugeben, wo eine Lücke seines Denkens mit ihr ausgefüllt oder ein Gedanke durch sie bestätigt werden kann. Dabei verschwindet immer mehr die Langeweile, dabei auch die übermäßige Erregbarkeit des Gemüts. Er geht zuletzt, wie ein Naturforscher unter Pflanzen, so unter Menschen herum und nimmt sich selber als ein Phänomen wahr, welches nur seinen erkennenden Trieb stark anregt.

Nein! Das Leben hat mich nicht enttäuscht! Von Jahr zu Jahr finde ich es vielmehr reicher, begehrenswerter und geheimnisvoller — von jenem Tage an, wo der große Befreier über mich kam, jener Gedanke, daß das Leben ein Experiment des Erkennenden sein dürfe — und nicht eine Pflicht, nicht ein Verhängnis.

Erst der große Schmerz, jener lange, langsame Schmerz, der sich Zeit nimmt, in dem wir gleichsam wie mit grünem Holze verbrannt werden, zwingt uns Philosophen, in unsere letzte Tiefe zu steigen... Das Leben selbst wird zum Problem. Möge man ja nicht glauben, daß einer damit notwendig zum Düsterling geworden sei! Selbst die Liebe zum Leben ist noch möglich — nur liebt man anders... Der Reiz alles Problematischen, die Freude am X ist bei solchen geistigeren, vergeistigteren Menschen zu groß, als daß diese Freude nicht immer wieder wie eine helle Glut über alle Not des Problematischen, über alle Gefahr der Unsicherheit... zusammenschlüge. Wir kennen ein neues Glück.

Das Glück des Erkennenden mehrt die Schönheit der Welt und macht alles, was da ist, sonniger.

Ich liebe den, welcher lebt, damit er erkenne.

Wenn dein Blick stark genug geworden ist, den Grund in dem dunklen Brunnen deines Wesens und deiner Erkenntnisse zu sehen, so werden dir vielleicht auch in einem Spiegel die fernen Sternbilder zukünftiger Kulturen sichtbar werden. Glaubst du, ein solches Leben mit einem solchen Ziele sei zu mühevoll, zu ledig aller Annehmlichkeiten? So hast du noch nicht gelernt, daß kein Honig süßer als der der Erkenntnis ist und daß die hängenden Wolken der Trübsal dir noch zum Euter dienen müssen, aus dem du die Milch zu deiner Labung melken wirst. Kommt das Alter, so merkst du erst recht, wie du der Stimme der Natur Gehör gegeben, jener Natur, welche die ganze Welt durch Lust beherrscht: dasselbe Leben, welches seine Spitze im Alter hat, hat auch seine Spitze in der Weisheit, in jenem milden Sonnenglanz einer beständigen geistigen Freudigkeit; beiden, dem Alter und der Weisheit, begegnest du auf e i n e m Bergrücken des Lebens: so wollte es die Natur. Dann ist es Zeit und kein Anlaß zum Zürnen, daß der Nebel des Todes naht. Dem Lichte zu — deine letzte Bewegung; ein Jauchzen der Erkenntnis — dein letzter Laut.

Wem Erkennen Lebensziel geworden, dem dienen alle Dinge zum Besten.

Größe, Ruhe, Sonnenlicht — diese drei umfassen alles, was ein Denker wünscht und auch von sich fordert: seine Hoffnungen und Pflichten, seine Ansprüche im Intellektuellen und Moralischen, sogar in der täglichen Lebensweise und selbst im Landschaftlichen seines Wohnsitzes. Ihnen entsprechen einmal erhebende Gedanken, sodann beruhigende, drittens aufhellende — viertens aber Gedanken, welche an allen drei Eigenschaften Anteil haben, in denen alles Irdische zur Verklärung kommt: es ist das Reich, wo die große Dreifaltigkeit der Freude herrscht.

Die wohlfeilste und harmloseste Art zu leben ist die des Denkers: denn, um gleich das Wichtigste zu sagen, er bedarf gerade der Dinge am meisten, welche die anderen geringschätzen und übriglassen. — Sodann: er freut sich leicht und kennt keine kostspieligen Zugänge zum Vergnügen; seine Arbeit ist nicht hart, sondern gleichsam südländisch; sein Tag und seine Nacht werden nicht durch Gewissensbisse verdorben; er bewegt sich, ißt, trinkt und schläft nach dem Maße, daß sein Geist immer ruhiger, kräftiger und heller werde; er freut sich seines Leibes und hat keinen Grund, ihn zu fürchten; er bedarf der Geselligkeit nicht, es sei denn von Zeit zu Zeit, um hinterher seine Einsamkeit um so zärtlicher zu umarmen.

Freigesinnte, der Erkenntnis allein lebende Menschen werden ihr äußerliches Lebensziel, ihre endgültige Stellung zur Gesellschaft, zum Staat bald erreicht finden und zum Beispiel mit einem kleinen Amte oder einem Vermögen, das gerade zum Leben ausreicht, gerne sich zufrieden geben; denn sie werden sich einrichten, so zu leben, daß eine große Verwandlung der äußeren Güter, ja ein Umsturz der politischen Ordnungen ihr Leben nicht mit umwirft. Auf alle diese Dinge verwenden sie so wenig wie möglich an Energie, damit sie mit der ganzen angesammelten Kraft und gleichsam mit einem langen Atem in das Element des Erkennens hinabtauchen. So können sie hoffen, tief zu tauchen und auch wohl auf den Grund zu sehen. — Von einem Ereignis wird ein solcher Geist gerne nur einen Zipfel nehmen, er liebt die Dinge in der ganzen Breite und Weitschweifigkeit ihrer Falten nicht: denn er will sich nicht in diese verwickeln. — Auch er kennt die Wochentage der Unfreiheit, der Abhängigkeit, der Dienstbarkeit. Aber von Zeit zu Zeit muß ihm ein Sonntag der Freiheit kommen, sonst wird er das Leben nicht aushalten. — Es ist wahrscheinlich, daß selbst seine Liebe zu den Menschen vorsichtig und etwas kurzatmig sein wird, denn er will sich nur, soweit es zum Zweck der Erkenntnis nötig ist, mit der Welt der Neigungen und der Blindheit einlassen. Er muß darauf vertrauen, daß der Genius der Gerechtigkeit etwas für seinen Jünger und Schützling sagen wird, wenn anschuldigende Stimmen ihn arm an Liebe nennen sollten. — Es gibt in seiner Lebens- und Denkweise einen verfeinerten Heroismus, welcher es verschmäht, sich der großen Massenverehrung, wie sein gröberer Bruder es tut, anzubieten, und still durch die Welt und aus der Welt zu gehen pflegt. Was für Labyrinthe er auch durchwandert, unter welchen Felsen sich auch sein Strom zeitweilig durchgequält hat — kommt er ans Licht, so geht er hell, leicht und fast geräuschlos seinen Gang und läßt den Sonnenschein bis in seinen Grund hinabspielen.

Warten, geduldig sein, das heißt denken.

Durch die sichere Aussicht auf den Tod könnte jedem Leben ein köstlicher, wohlriechender Tropfen von Leichtsinn beigemischt sein — und nun habt ihr wunderlichen Apothekerseelen aus ihm einen übelschmeckenden Gifttropfen gemacht, durch den das ganze Leben widerlich wird.

Inmitten des Ozeans des Werdens wachen wir auf einem Inselchen, das nicht größer als ein Nachen ist, auf, wie Abenteurer und Wandervögel, und sehen uns hier eine kleine Weile um: so eilig und neugierig wie möglich, denn wie schnell kann uns ein Wind verwehen oder eine Welle über das Inselchen hinwegspülen, so daß nichts mehr von uns da ist! Aber hier, auf diesem kleinen Raume, finden wir andere Wandervögel und hören von früheren — und so leben wir eine köstliche Minute der Erkenntnis und des Erratens unter fröhlichem Flügelschlagen und Gezwitscher miteinander und abenteuern im Geiste hinaus auf den Ozean, nicht weniger stolz als er selber.

Sei eine Platte von Gold, daß sich die Dinge auf dir in goldener Schrift einzeichnen.

Nahe dem Quell mit bescheidener Hand: so füllt er sie dir am leichtesten.

Die lehrreichsten Erlebnisse sind die alltäglichen.

Alles, was Gold ist, glänzt nicht. Die sanfte Strahlung ist dem edelsten Metalle zu eigen.

Arm, fröhlich und unabhängig! — das ist beisammen möglich.

Man muß den Blumen, Gräsern und Schmetterlingen auch noch so nah sein wie ein Kind, das nicht viel über sie hinwegreicht.

Der Mensch ist inmitten der Natur immer das Kind an sich. Dies Kind träumt wohl einmal einen schweren, beängstigenden Traum; wenn es aber die Augen aufschlägt, so sieht es sich immer wieder im Paradiese.

Die Pinie scheint zu horchen, die Tanne zu warten: und beide ohne Ungeduld: — sie denken nicht an den kleinen Menschen unter sich, den seine Ungeduld und seine Neugierde auffressen.

Was allein kann uns wiederherstellen? — Der Anblick des Vollkommenen.

Und wahrlich, wieviel geriet schon! Wie reich ist diese Erde an kleinen, guten, vollkommenen Dingen, an Wohlgeratenem!
Stellt kleine, gute, vollkommene Dinge um euch, ihr höheren Menschen! Deren goldene Reife heilt das Herz. Vollkommenes lehrt hoffen.

Wenn man nicht feste, ruhige Linien am Horizonte seines Lebens hat, Gebirgs- und Waldlinien gleichsam, so wird der innerste Wille des Menschen selber unruhig, zerstreut und begehrlich wie das Wesen des Städters: er hat kein Glück und gibt kein Glück.

Je freudiger und sicherer der Geist wird, um so mehr verlernt der Mensch das laute Gelächter; dagegen quillt ihm ein geistiges Lächeln fortwährend auf, ein Zeichen seines Verwunderns über die zahllosen versteckten Annehmlichkeiten des guten Daseins.

Die junge Seele sehe auf das Leben zurück mit der Frage: Was hast du bis jetzt wahrhaft geliebt, was hat deine Seele hinangezogen, was hat sie beherrscht und zugleich beglückt? Stelle dir die Reihe dieser verehrten Gegenstände vor dir auf, und vielleicht ergeben sie dir, durch ihr Wesen und ihre Folge, ein Gesetz, das Grundgesetz deines eigentlichen Selbst. Vergleiche diese Gegenstände, sieh, wie einer den anderen ergänzt, erweitert, überbietet, verklärt, wie sie eine Stufenleiter bilden, auf welcher du bis jetzt zu dir selbst hingeklettert bist: denn dein wahres Wesen liegt nicht tief verborgen in dir, sondern unermeßlich hoch über dir oder wenigstens über dem, was du gewöhnlich als dein Ich nimmst. Deine wahren Erzieher und Bildner verraten dir, was der wahre Ursinn und Grundstoff deines Wesens ist, etwas durchaus Unerziehbares und Unbildbares, aber jedenfalls schwer Zugängliches, Gebundenes, Gelähmtes: deine Erzieher vermögen nichts zu sein als deine Befreier. Und das ist das Geheimnis aller Bildung: sie verleiht nicht künstliche Gliedmaßen, wächserne Nasen, bebrillte Augen, sondern Befreiung ist sie, Wegräumung des Unkrauts, Schuttwerks, Gewürms, das die zarten Keime der Pflanzen antasten will, Ausströmung von Licht und Wärme, liebevolles Niederrauschen nächtlichen Regens, sie ist Nachahmung und Anbetung der Natur, wo diese mütterlich und barmherzig gesinnt ist, sie ist Vollendung der Natur, wenn sie ihren grausamen und unbarmherzigen Anfällen vorbeugt und sie zum Guten wendet.

Man verehrt und verachtet in jungen Jahren noch ohne jene Kunst der Nuance, welche den besten Gewinn des Lebens ausmacht, und muß es billigerweise hart büßen, solchergestalt Menschen und Dinge mit Ja und Nein überfallen zu haben.

Ebenso findet man viel mehr Glück in der Welt, als trübe Augen sehen: wenn man nämlich richtig rechnet und nur alle jene Momente des Behagens, an welchen jeder Tag in jedem, auch dem bedrängtesten Menschenleben reich ist, nicht vergißt.

Das kleinste Glück, wenn es nur ununterbrochen da ist und glücklich macht, ist ohne Vergleich mehr Glück als das größte, das nur als Episode, gleichsam als Laune, als toller Einfall, zwischen lauter Unlust, Begierde und Entbehrung kommt.

Eines ist not: daß der Mensch seine Zufriedenheit mit sich erreiche — sei es nun durch diese oder jene Dichtung und Kunst: nur dann erst ist der Mensch überhaupt erträglich anzusehen! Wer mit sich unzufrieden ist, ist fortwährend bereit, sich dafür zu rächen: wir anderen werden seine Opfer sein, und sei es auch nur darin, daß wir immer seinen häßlichen Anblick zu ertragen haben. Denn der Anblick des Häßlichen macht schlecht und düster.

Der Zuwachs an Weisheit läßt sich genau nach der Abnahme an Galle bemessen.

Wer ernstlich frei werden will, wird dabei ohne allen Zwang die Neigung zu Fehlern und Lastern mit verlieren; auch Ärger und Verdruß werden ihn immer seltener anfallen. Sein Wille nämlich will nichts angelegentlicher als Erkennen und das Mittel dazu, das heißt: den andauernden Zustand, in dem er am tüchtigsten zum Erkennen ist.

Im Gebirge der Wahrheit kletterst du nie umsonst: entweder du kommst schon heute weiter hinauf oder du übst deine Kräfte, um morgen höher steigen zu können.

Wenn man erst sich selber gefunden hat, muß man verstehen, sich von Zeit zu Zeit zu verlieren — und dann wieder zu finden; vorausgesetzt, daß man ein Denker ist. Diesem ist es nämlich nachteilig, immerdar an eine Person gebunden zu sein.

Willst du ein allgemeines, gerechtes Auge werden? So mußt du es als einer, der durch viele Individuen gegangen ist und dessen letztes Individuum alle früheren als Funktionen braucht.

Von dem, was du erkennen und messen willst, mußt du Abschied nehmen, wenigstens auf eine Zeit. Erst wenn du die Stadt verlassen hast, siehst du, wie hoch sich ihre Türme über die Häuser erheben.

Wer wenig besitzt, wird um so weniger besessen.

Und wenn ihr f r e i werden wollt, so müßt ihr nicht nur die lästigen Ketten von euch werfen: die Stunde muß kommen, wo ihr von euren Liebsten flieht.
Dein Weib mußt du verlassen können, dein Land, deinen Nutzen, deinen wertesten Glauben: und eine Zeitlang soll die Sonne deines Lebens dir untergehen.

Du sollst ein Vergehen nicht bereuen, sondern seinetwegen eine Guttat mehr tun.

Man h a t nie: denn man i s t nie. Man gewinnt oder verliert beständig.

Wer etwas Neues wirklich k e n n e n l e r n e n will (sei es ein Mensch, ein Ereignis, ein

Buch), der tut gut, dieses Neue mit aller möglichen Liebe aufzunehmen, von allem, was ihm daran feindlich, anstößig, falsch vorkommt, schnell das Auge abzuwenden, ja es zu vergessen.
So daß man zum Beispiel dem Autor eines Buches den größten Vorsprung gibt und geradezu, wie bei einem Wettrennen, mit klopfendem Herzen danach begehrt, daß er sein Ziel erreiche. Mit diesem Verfahren dringt man nämlich der neuen Sache bis an ihr Herz, bis an ihren bewegenden Punkt: und dies heißt eben sie kennenlernen. Ist man so weit, so macht der Verstand hinterdrein seine Restriktionen; jene Überschätzung, jenes zeitweilige Aushängen des kritischen Pendels war eben nur der Kunstgriff, die Seele einer Sache herauszulocken.

Wo wir verstehen, da werden wir artig, glücklich, erfinderisch, und überall, wo wir nur genug gelernt und uns Augen und Ohren gemacht haben, zeigt unsere Seele mehr Geschmeidigkeit und Anmut. Aber wir begreifen so wenig und sind armselig unterrichtet, und so kommt es selten dazu, daß wir eine Sache umarmen und uns dabei selber liebenswert machen: vielmehr gehen wir steif und unempfindlich durch die Stadt, die Natur, die Geschichte und bilden uns etwas auf diese Haltung und Kälte ein, als ob sie eine Wirkung der Überlegenheit sei. Ja, unsere Unwissenheit und unser geringer Durst nach Wissen versteht sich trefflich darauf, als Würde, als Charakter einherzustolzieren.

Wenn man viel hineinzustecken hat, so hat ein Tag hundert Taschen.

Wer sich etwas gründlich und auf lange Zeit hin versagt, wird, bei einem zufälligen Wiederantreffen desselben, fast vermeinen, es entdeckt zu haben — und welches Glück hat jeder Entdecker! Seien wir klüger als die Schlangen, welche zu lange in derselben Sonne liegen.

Wie wenig Phantasie haben wir für das Leid, das wir anderen antun!

Das beste Mittel jeden Tag gut zu beginnen, ist: beim Erwachen daran zu denken, ob man nicht wenigstens einem Menschen an diesem Tag eine Freude machen könne.

Das „Himmelreich“ ist ein Zustand des Herzens.

Der Mensch, der krank zu Bette liegt, kommt mitunter dahinter, daß er für gewöhnlich an seinem Amte, Geschäfte oder an seiner Gesellschaft krank ist und durch sie jede Besonnenheit über sich verloren hat: er gewinnt diese Weisheit aus der Muße, zu welcher ihn seine Krankheit zwingt.

Warum geht Freudemachen über alle Freuden? — Weil man damit seinen fünfzig eigenen Trieben auf einmal eine Freude macht. Es mögen das einzeln sehr kleine Freuden sein: aber tut man sie alle in eine Hand, so hat man die Hand voller als jemals sonst — und das Herz auch!

Man muß lernen, aus unreinlichen Verhältnissen reinlicher hervorzugehen, und sich, wenn es not tut, auch mit schmutzigem Wasser waschen.

Die tausend Rätsel um uns würden uns nicht quälen, wenn wir heiter genug im Herzen wären.

Glatt und hart zu werden, muß man ins Gedränge hinein, aber seine heimliche Einsamkeit mitnehmen.

Ich unterscheide unter den philosophischen Menschen zwei Gattungen: die einen sinnen immer über ihre Verteidigung nach, die anderen über einen Angriff auf ihre Feinde.

Sind nicht gerade auf dem Boden, welcher dir mitunter so mißfällt, auf dem Boden des unreinen Denkens, viele der herrlichsten Früchte älterer Kultur aufgewachsen? Man muß Religion und Kunst wie Mutter und Amme geliebt haben — sonst kann man nicht weise werden.

Der Mensch ist dazu bestimmt, entweder Vater oder Mutter zu sein, in irgendwelchem Sinne.

Wir Gegenwärtigen fangen eben an, die Kette eines zukünftigen sehr mächtigen Gefühls zu bilden, Glied um Glied — wir wissen kaum, was wir tun. Fast scheint es uns, als ob es sich nicht um ein neues Gefühl, sondern um die Abnahme aller alten Gefühle handle... Aber diese ungeheure Summe von Gram aller Art tragen, tragen können... Dies alles auf seine Seele nehmen, Ältestes, Neuestes, Verluste, Hoffnungen, Eroberungen, Siege der Menschheit; dies alles endlich in einer Seele haben und in ein Gefühl zusammendrängen: — dies müßte doch ein Glück ergeben, das bisher der Mensch noch nicht kannte, voller Macht und Liebe, voller Tränen und voll Lachens, ein Glück, welches, wie die Sonne am Abend, fortwährend aus seinem unerschöpflichen Reichtume wegschenkt und ins Meer schüttet und, wie sie, sich erst dann am reichsten fühlt, wenn auch der ärmste Fischer noch mit goldenem Ruder rudert! Dieses göttliche Gefühl hieße dann — Menschlichkeit!

Wenn Denken dein Schicksal ist, so verehre dies Schicksal mit göttlichen Ehren und opfere ihm das Beste, das Liebste.

Langsam ist das Erleben der tiefen Brunnen:

lange müssen sie warten, bis sie wissen, w a s in ihre Tiefe fiel.
Abseits vom Markte und Ruhme begibt sich alles Große: abseits vom Markte und Ruhme wohnten von je die Erfinder neuer Werte.

Einsamer, du gehst den Weg zu dir selber! Und an dir selber führt dein Weg vorbei und an deinen sieben Teufeln!
Ketzer wirst du dir selber sein und Hexe und Wahrsager und Narr und Zweifler und Unheiliger und Bösewicht.
Verbrennen mußt du dich wollen in deiner eigenen Flamme: wie wolltest du neu werden, wenn du nicht erst Asche geworden bist!

Fliehe, mein Freund, in deine Einsamkeit: ich sehe dich von giftigen Fliegen zerstochen. Fliehe dorthin, wo rauhe, starke Luft weht!
Fliehe in deine Einsamkeit! Du lebtest den Kleinen und Erbärmlichen zu nahe. Fliehe vor ihrer unsichtbaren Rache! Gegen dich sind sie nichts als Rache.

Fliehe, mein Freund, in deine Einsamkeit! Ich sehe dich betäubt vom Lärme der großen

Männer und zerstochen von den Stacheln der kleinen.
Würdig wissen Wald und Fels mit dir zu schweigen. Gleiche wieder dem Baume, den du liebst, dem breitästigen: still und aufhorchend hängt er über dem Meere.
Wo die Einsamkeit aufhört, da beginnt der Markt; und wo der Markt beginnt, da beginnt auch der Lärm der großen Schauspieler und das Geschwirr der giftigen Fliegen.

Aber du willst den Weg deiner Trübsal gehen, welches ist der Weg zu dir selber? So zeige mir dein Recht und deine Kraft dazu!
Bist du eine neue Kraft und ein neues Recht? Eine erste Begegnung? Ein aus sich rollendes Rad? Kannst du auch Sterne zwingen, daß sie um dich sich drehen?...
Frei nennst du dich? Deinen herrschenden Gedanken will ich hören und nicht, daß du einem Joche entronnen bist.
Bist du ein solcher, der einem Joche entrinnen *durfte*? Es gibt manchen, der seinen letzten Wert wegwarf, als er seine Dienstbarkeit wegwarf.
Frei wovon? Was schiert das Zarathustra!

Hell aber soll mir dein Auge künden: Frei wozu?

Wahrlich, ich tat wohl das und jenes an Leidenden: aber Besseres schien ich mir stets zu tun, wenn ich lernte, mich besser freuen. Seit es Menschen gibt, hat der Mensch sich zu wenig gefreut: das allein, meine Brüder, ist unsere Erbsünde!
Und lernen wir besser uns freuen, so verlernen wir am besten, anderen wehe zu tun und Wehes auszudenken.

An dieser Stelle der Jugend gedenkend, rufe ich Land! Land! Genug und übergenug der leidenschaftlich suchenden und irrenden Fahrt auf dunklen, fremden Meeren! Jetzt endlich zeigt sich eine Küste: wie sie auch sei, an ihr muß gelandet werden, und der schlechteste Nothafen ist besser, als wieder in die hoffnungslose, skeptische Unendlichkeit zurückzutaumeln. Halten wir nur erst das Land fest; wir werden später schon die guten Häfen finden und den Nachkommenden die Anfahrt erleichtern.

UM FRAUEN, LIEBE UND EHE

Man muß lieben lernen, gütig sein lernen, und dies von Jugend auf; wenn Erziehung und Zufall uns keine Gelegenheit zur Übung dieser Empfindungen geben, so wird unsere Seele trocken und selbst zu einem Verständnis jener zarten Empfindungen liebevoller Menschen ungeeignet.

Die Forderung, geliebt zu werden, ist die größte der Anmaßungen.

Geforderte Liebe hat wenig zu bedeuten.

Der Liebende liebt jenseits von Lohn und Vergeltung.

Liebe ist ein Abgeben infolge eines Überreichtums an Persönlichkeit.

Man kann nicht hoch genug von den Frauen denken; aber deshalb braucht man doch nicht falsch von ihnen zu denken. Man soll darin gründlich auf der Hut sein.

Man muß in aller Tiefe nachempfinden, welche Wohltat das Weib ist.

Die Liebe will dem anderen jedes Gefühl von Fremdsein ersparen.

Unerfahrene Mädchen schmeicheln sich mit der Vorstellung, daß es in ihrer Macht stehe, einen Mann glücklich zu machen; später lernen sie, daß es soviel heißt als: einen Mann geringschätzen, wenn man annimmt, daß es nur eines Mädchens bedürfe, um ihn glücklich zu machen.

Die Abgötterei, welche die Frauen mit der Liebe treiben, ist im Grund und ursprünglich eine Erfindung der Klugheit, insofern sie ihre Macht durch alle jene Idealisierungen der Liebe erhöhen und sich in den Augen der Männer als immer begehrenswerter darstellen. Aber durch die jahrhundertelange Gewöhnung an diese übertriebene Schätzung der Liebe ist es geschehen, daß sie in ihr eigenes Netz gelaufen sind und jenen Ursprung vergessen haben. Sie selber sind jetzt noch mehr die Getäuschten als die Männer und leiden deshalb auch mehr an der Enttäuschung, welche fast notwendig im Leben jeder Frau eintreten wird — sofern sie überhaupt Phantasie und Verstand genug hat, um getäuscht und enttäuscht werden zu können.

Die Frauen intrigieren im stillen immer gegen die höhere Seele ihrer Männer; sie wollen dieselbe um ihre Zukunft, zugunsten einer schmerzlosen, behaglichen Gegenwart betrügen.

Frauen merken es einem Manne leicht an, ob seine Seele schon in Besitz genommen ist; sie wollen ohne Nebenbuhlerinnen geliebt sein und verargen ihm die Ziele seines Ehrgeizes, seine politischen Aufgaben, seine Wissenschaften und Künste, wenn er eine Leidenschaft zu solchen Sachen hat. Es sei denn, daß er durch diese glänze — dann erhoffen sie, im Falle einer Liebesverbindung mit ihm, zugleich einen Zuwachs *ihres* Glanzes; wenn es so steht, begünstigen sie den Liebhaber.

Der Intellekt der Weiber zeigt sich als vollkommene Beherrschung, Gegenwärtigkeit des Geistes, Benutzung aller Vorteile. Sie vererben ihn als ihre Grundeigenschaft auf ihre Kinder, und der Vater gibt den dunkleren Hintergrund des Willens dazu. Sein Einfluß bestimmt gleichsam Rhythmus und Harmonie, mit denen das neue Leben abgespielt werden soll; aber die Melodie desselben stammt vom Weibe.

Mütter sind leicht eifersüchtig auf die Freunde ihrer Söhne, wenn diese besondere Erfolge haben. Gewöhnlich liebt eine Mutter s i c h mehr in ihrem Sohne als den Sohn selber.

In jeder Art der weiblichen Liebe kommt auch etwas von der mütterlichen Liebe zum Vorschein.

Wie? die Liebe sollte etwas Unegoistisches sein?

Gegen die Männerkrankheit der Selbstverachtung hilft am sichersten, von einem klugen Weibe geliebt zu werden.

Diese Frau ist schön und klug: ach, wieviel klüger aber würde sie geworden sein, wenn sie nicht schön wäre!

Alle Liebe, wo nicht die Einsicht entsprechend groß ist, richtet Unheil an.

Jedes andere Ding wird uns wenig wert, wenn wir etwas lieben.

Zweierlei will der echte Mann: Gefahr und Spiel. Deshalb will er das Weib, als das gefährlichste Spielzeug.

Im echten Manne ist ein Kind versteckt: das will spielen. Auf, ihr Frauen, so entdeckt mir doch das Kind im Manne!
Ein Spielzeug sei das Weib, rein und fein, dem Edelsteine gleich, bestrahlt von den Tugenden einer Welt, welche noch nicht da ist. Der Strahl eines Sternes glänze in eurer Liebe!

Man denkt nie so viel an einen Freund oder eine Geliebte, als wenn die Freundschaft oder Liebschaft im letzten Viertel steht.

Frauen können recht gut mit einem Manne Freundschaft schließen; aber um diese aufrechtzuerhalten — dazu muß wohl eine kleine physische Antipathie mithelfen.

Wo nicht Liebe oder Haß mitspielt, spielt das Weib mittelmäßig.

Grad und Art der Geschlechtlichkeit eines Menschen reicht bis in den letzten Gipfel seines Geistes hinauf.

Wer von Natur keusch ist, denkt nicht hoch von der Keuschheit, einige Eitelkeitsnarren abgerechnet. Ihre Vergötterer sind die, welche Gründe haben, zu wünschen, sie möchten keusch sein oder gewesen sein.

Das Glück des Mannes heißt: ich will. Das Glück des Weibes heißt: er will.

Jenen armen Frauen fehlt es immer an Erfolg, welche in Gegenwart dessen, den sie lieben, unruhig und unsicher werden und zuviel reden; denn die Männer werden am sichersten durch eine gewisse heimliche und phlegmatische Zärtlichkeit verführt.

Es sollte nicht erlaubt sein, im Zustande der Verliebtheit einen Entschluß über sein Leben zu fassen und einer heftigen Grille wegen den Charakter seiner Gesellschaft ein für allemal festzusetzen: man sollte die Schwüre der Liebenden öffentlich für ungültig erklären und ihnen die Ehe verweigern: — und zwar, weil man die Ehe unsäglich wichtiger nehmen sollte!

Die Illusion des Geschlechtstriebes ist ein Netz, das, wenn es zerrissen wird, sich immer von selbst wieder strickt.

Dem Weibe, das er nicht verdient, verfällt der Mann.

Die Tiere, welche eine Brunstzeit haben, verwechseln nicht so leicht ihr Herz und ihre Begierde: wie es die Menschen und namentlich die Weibchen tun.

Weiber werden aus Liebe ganz zu dem, als was sie in der Vorstellung der Männer, von denen sie geliebt werden, leben.

Die Liebe bringt die hohen und verborgenen Eigenschaften eines Liebenden ans Licht — sein Seltenes, Ausnahmsweises: insofern täuscht sie leicht über das, was Regel an ihm ist.

Mitunter genügt schon eine stärkere Brille, um den Verliebten zu heilen; und wer die Kraft der Einbildung hätte, um ein Gesicht, eine Gestalt sich zwanzig Jahre älter vorzustellen, ginge vielleicht sehr ungestört durch das Leben.

Man kann Handlungen versprechen, aber keine Empfindungen; denn diese sind unwillkürlich. Wer jemandem verspricht, ihn immer zu lieben oder immer zu hassen oder ihm immer treu zu sein, verspricht etwas, das nicht in seiner Macht steht; wohl aber kann er solche Handlungen versprechen, welche zwar gewöhnlich die Folgen der Liebe, des Hasses, der Treue sind, aber auch aus anderen Motiven entspringen können: denn zu einer Handlung führen mehrere Wege und Motive. Das Versprechen, jemanden immer zu lieben, heißt also: so lange ich dich liebe, werde ich dir die Handlungen der Liebe erweisen; liebe ich dich nicht mehr, so wirst du doch dieselben Handlungen, wenn auch aus anderen Motiven, immerfort von mir empfangen: so daß der Schein in den Köpfen der Mitmenschen bestehen bleibt, daß die Liebe unverändert und immer noch dieselbe sei. — Man verspricht also die Andauer des Anscheines der Liebe, wenn man ohne Selbstverblendung jemandem immerwährende Liebe gelobt.

Nicht der Mangel der Liebe, sondern der Mangel der Freundschaft macht die unglücklichen Ehen.

Wir lieben uns: laß uns zusehen, daß wir uns liebbehalten!

Eine Ehe, eine Freundschaft sollte das Mittel sein, das seltene!! unser eigenes Ideal durch ein anderes Ideal zu stärken: wir sollten das Ideal des anderen a u c h sehen und von ihm aus das unserige!

Geschlechtsbefriedigung soll nie das Ziel der Ehe sein.

Die lange Liebe ist deshalb möglich — auch wenn sie glücklich ist — weil ein Mensch nicht leicht zu Ende zu besitzen, zu Ende zu erobern ist — es tun sich immer neue, noch unentdeckte Gründe und Hinterräume der Seele auf, und auch nach diesen streckt sich die unendliche Habsucht der Liebe aus. — Aber die Liebe endet, sobald wir das Wesen als begrenzt empfinden. — Der Konflikt der langen und der kurzen Leidenschaft entsteht, wenn der eine den anderen zu Ende zu besitzen glaubt, und der andere noch nicht — da wendet jener sich ab, entzieht sich und reizt nun durch die Ferne den anderen noch mehr auf.

Man soll sich beim Eingehen einer Ehe die Frage vorlegen: Glaubst du, dich mit dieser Frau bis ins Alter hinein gut zu unterhalten? Alles andere in der Ehe ist transitorisch, aber die meiste Zeit des Verkehrs gehört dem Gespräche an.

Der beste Freund wird wahrscheinlich die beste Gattin bekommen, weil die gute Ehe auf dem Talent zur Freundschaft beruht.

Eine Ehe, in der jedes durch das andere ein individuelles Ziel erreichen will, hält gut zusammen, zum Beispiel, wenn die Frau durch den Mann berühmt, der Mann durch die Frau beliebt werden will.

Durch nichts erleichtern bedeutende Frauen ihren Männern, falls diese berühmt und groß sind, das Leben so sehr als dadurch, daß sie gleichsam das Gefäß der allgemeinen Ungunst und gelegentlichen Verstimmung der übrigen Menschen werden. Die Zeitgenossen pflegen ihren großen Männern viel Fehlgriffe und Narrheiten, ja Handlungen grober Ungerechtigkeit nachzusehen, wenn sie nur jemanden finden, den sie als eigentliches Opfertier zur Erleichterung ihres Gemütes mißhandeln und schlachten dürfen. Nicht selten findet eine Frau den Ehrgeiz in sich, sich zu dieser Opferung anzubieten, und dann kann freilich der Mann sehr zufrieden sein.

Die Liebe muß die Gegensätze durch Freude überbrücken.

Jene edlen, freigesinnten Frauen, welche die Erziehung und Erhebung des weiblichen Geschlechts sich zur Aufgabe stellen, sollen einen Gesichtspunkt nicht übersehen: die Ehe, in ihrer höheren Auffassung gedacht, als Seelenfreundschaft zweier Menschen verschiedenen Geschlechts, also so, wie sie von der Zu-

kunft erhofft wird, zum Zweck der Erzeugung und Erziehung einer neuen Generation geschlossen — eine solche Ehe, welche das Sinnliche gleichsam nur als ein seltenes, gelegentliches Mittel für einen größeren Zweck gebraucht, bedarf wahrscheinlich, wie man besorgen muß, einer natürlichen Beihilfe, des Konkubinats. Denn, wenn aus Gründen der Gesundheit des Mannes das Eheweib auch zur alleinigen Befriedigung des geschlechtlichen Bedürfnisses dienen soll, so wird bei der Wahl einer Gattin schon ein falscher, den angedeuteten Zielen entgegengesetzter Gesichtspunkt maßgebend sein: die Erzielung der Nachkommenschaft wird zufällig, die glückliche Erziehung höchst unwahrscheinlich.
Eine gute Gattin, welche Freundin, Gehilfin, Gebärerin, Mutter, Familienhaupt, Verwalterin sein soll, ja vielleicht abgesondert von dem Manne ihrem eigenen Geschäft und Amt vorzustehen hat — kann nicht zugleich Konkubine sein: es hieße im allgemeinen zuviel von ihr verlangen.

Die Güte einer Ehe bewährt sich dadurch, daß sie einmal eine „Ausnahme“ verträgt.

Ihr demonstriert aus dem Elend des Weibes heraus, daß man seine Lage verbessern müsse: aber ich wollte, ihr tätet es auf Grund seiner besseren Lage und Kraft.

Alle große Liebe will nicht Liebe, die will mehr.

Aber auch noch eure beste Liebe ist nur ein verzücktes Gleichnis und eine schmerzhafte Glut. Eine Fackel ist sie, die euch zu höheren Wegen leuchten soll.
Über euch hinaus sollt ihr einst lieben! So l e r n t erst lieben! Und darum mußtet ihr den bitteren Kelch eurer Liebe trinken.
Bitternis ist im Kelch auch der besten Liebe.

Fluch darüber, daß die Besten sich zurückziehen ohne Kinder!

Ich habe eine Frage für dich allein, mein Bruder: wie ein Senkblei werfe ich diese Frage in deine Seele, daß ich wisse, wie tief sie sei. Du bist jung und wünschest dir Kind und Ehe. Aber ich frage dich: Bist du ein Mensch, der ein Kind sich wünschen d a r f ?

Bist du der Siegreiche, der Selbstbezwinger, der Gebieter der Sinne, der Herr deiner Tugenden? Also frage ich dich.
Oder redet aus deinem Wunsche das Tier und die Notdurft? Oder Vereinsamung? Oder Unfriede mit dir?
Ich will, daß dein Sieg und deine Freiheit sich nach einem Kinde sehne. Lebendige Denkmale sollst du bauen deinem Siege und deiner Befreiung.
Über dich sollst du hinausbauen. Aber erst mußt du mir selber gebaut sein, rechtwinkelig an Leib und Seele.
Nicht nur fort sollst du dich pflanzen, sondern hinauf! Dazu helfe dir der Garten der Ehe!
Einen höheren Leib sollst du schaffen, eine erste Bewegung, ein aus sich rollendes Rad — einen Schaffenden sollst du schaffen.
Ehe: so heiße ich den Willen zu zweien, das eine zu schaffen, das mehr ist, als die es schufen. Ehrfurcht voreinander nenne ich Ehe als vor den Wollenden eines solchen Willens.
Dies sei der Sinn und die Wahrheit deiner Ehe. Aber das, was die Vielzuvielen Ehe nennen, diese Überflüssigen — ach, wie nenne ich das?

Ach, diese Armut der Seele zu zweien! Ach, dieser Schmutz der Seele zu zweien! Ach, dies erbärmliche Behagen der Seele zu zweien!
Ehe nennen sie alles; und sie sagen, ihre Ehen seien im Himmel geschlossen.
Nun, ich mag ihn nicht, diesen Himmel der Überflüssigen! Nein, ich mag sie nicht, diese im himmlischen Netz verschlungenen Tiere!

Dieser ging wie ein Held auf Wahrheiten aus, und endlich erbeutete er sich eine kleine geputzte Lüge. Seine Ehe nennt er's.
Jener suchte eine Magd mit den Tugenden eines Engels. Aber mit einem Male wurde er die Magd eines Weibes, und nun täte es not, daß er darüber noch zum Engel werde.

Man brachte einen Jüngling zu einem weisen Mann und sagte: „Siehe, das ist einer, der durch die Weiber verdorben wird!" Der weise Mann schüttelte den Kopf und lächelte. „Die Männer sind es, rief er, welche die Weiber verderben: und alles, was die Weiber fehlen, soll an den Männern gebüßt und gebessert werden — denn der Mann macht sich das Bild des Weibes, und das Weib bildet sich nach diesem Bilde." — „Du bist zu mildherzig gegen die Weiber", sagte einer der Umstehenden, „du kennst sie nicht!" Der weise Mann antwortete: „Des Mannes Art ist Wille, des Weibes Art Willigkeit — so ist es das Gesetz der Geschlechter, wahrlich! ein hartes Gesetz für das Weib! Alle Menschen sind unschuldig für ihr Dasein, die Weiber aber sind unschuldig im zweiten Grade: wer könnte für sie des Öls und der Milde genug haben." — „Was Öl! Was Milde!" rief ein anderer aus der Menge: „Man muß die Weiber besser erziehen!" — „Man muß die Männer besser erziehen", sagte der weise Mann und winkte dem Jünglinge, daß er ihm folge. — Der Jüngling aber folgte ihm nicht.

Auch in der wissenden Liebe des Weibes ist immer noch Überfall und Blitz und Nacht neben dem Lichte ...

Noch ist das Weib nicht der Freundschaft fähig. Aber sagt mir, ihr Männer, wer von euch ist denn fähig der Freundschaft?

O über eure Armut, ihr Männer, und euren Geiz der Seele!

DIE KUNST UND IHRE QUELLEN

Die Kunst ist die große Ermöglicherin des Lebens, die große Verführerin zum Leben, das große Stimulans des Lebens.

Wir werden viele für die ästhetische Wissenschaft gewonnen haben, wenn wir nicht nur zur logischen Einsicht, sondern zur unmittelbaren Sicherheit der Anschauung gekommen sind, daß die Fortentwicklung der Kunst an die Duplizität des Apollinischen und des Dionysischen gebunden ist... Um uns jene beiden Triebe näherzubringen, denken wir sie uns zunächst als die getrennten Kunstwelten des Traumes und des Rausches. —

Die Traumerfahrung ist von den Griechen in ihrem Apollo ausgedrückt worden... Sein Auge muß „sonnenhaft", gemäß seinem Ursprunge sein; auch wenn es zürnt und unmutig blickt, liegt die Weihe des schönen Scheines auf ihm.
An derselben Stelle hat uns Schopenhauer das ungeheure Grausen geschildert, welches den Menschen ergreift, wenn er plötzlich an den

Erkenntnisformen der Erscheinung irre wird, indem der Satz vom Grunde, in irgendeiner seiner Gestaltungen, eine Ausnahme zu erleiden scheint. Wenn wir zu diesem Grausen die wonnevolle Verzückung hinzunehmen, die bei demselben Zerbrechen des principii individuationis aus dem innersten Grunde des Menschen, ja der Natur emporsteigt, so tun wir einen Blick in das Wesen des Dionysischen.

Die Kunst ist einmal ein Überschuß und Ausströmen von blühender Leiblichkeit in die Welt der Bilder und Wünsche; andererseits eine Anreizung der animalischen Funktionen durch Bilder und Wünsche des gesteigerten Lebens; — eine Erhöhung des Lebensgefühls, ein Stimulans desselben.
Inwiefern kann auch das Häßliche noch diese Gewalt haben? Insofern es noch von der siegreichen Energie des Künstlers etwas mitteilt, der über dies Häßliche und Furchtbare Herr geworden ist.

Wenn die Kunst sich in den abgetragensten Stoff kleidet, erkennt man sie am besten als Kunst.

Redet nur nicht von Begabung, angeborenen Talenten! Es sind große Männer aller Art zu nennen, welche wenig begabt waren. Aber sie bekamen Größe, wurden „Genies“ (wie man sagt) durch Eigenschaften, von deren Mangel niemand gern redet, der sich ihrer bewußt ist: sie hatten alle jenen tüchtigen Handwerkerernst, welcher erst lernt, die Teile vollkommen zu bilden, bis er es wagt, ein großes Ganzes zu machen; sie gaben sich Zeit dazu, weil sie mehr Lust am Gutmachen des Kleinen, Nebensächlichen hatten als an dem Effekte eines blendenden Ganzen. Das Rezept zum Beispiel, wie einer ein guter Novellist werden kann, ist leicht zu geben, aber die Ausführung setzt Eigenschaften voraus, über die man hinwegzusehen pflegt, wenn man sagt, „ich habe nicht genug Talent“. Man mache nur hundert und mehr Entwürfe zu Novellen, keiner länger als zwei Seiten, doch von solcher Deutlichkeit, daß jedes Wort darin notwendig ist; man schreibe täglich Anekdoten nieder, bis man es lernt, ihre prägnanteste, wirkungsvollste Form zu finden; man sei unermüdlich im Sammeln und Ausmalen menschlicher Typen und Charaktere; man erzähle vor allem, sooft es möglich ist, und höre erzählen, mit scharfem Auge und Ohr für die Wirkung auf die anderen Anwesenden; man reise wie ein Landschaftsmaler und Kostümzeichner; man exzerpiere sich aus einzelnen Wissenschaften alles das, was künstlerische Wirkungen macht, wenn es gut dargestellt wird; man denke endlich über die Motive der menschlichen Handlungen nach, verschmähe keinen Fingerzeig der Belehrungen hierüber und sei ein Sammler von dergleichen Dingen bei Tag und Nacht. In dieser mannigfachen Übung lasse man einige zehn Jahre vorübergehen: was dann aber in der Werkstätte geschaffen wird, darf auch hinaus in das Licht der Straße. — Wie machen es dagegen die meisten? Sie fangen nicht mit dem Teile, sondern mit dem Ganzen an. Sie tun vielleicht einmal einen guten Griff, erregen Aufmerksamkeit und tun von da an immer schlechtere Griffe, aus guten, natürlichen Gründen. — Mitunter, wenn Vernunft und Charakter fehlen, um einen solchen künstlerischen Lebensplan zu gestalten, übernimmt das Schicksal und die Not die Stelle derselben und führt den zukünftigen Meister schrittweise durch alle Bedingungen seines Handwerks.

Begabung, ein Name für ein älteres Stück Lernens, Erfahrens, Einübens, Aneignens, Einverleibens ... und wiederum: der, welcher lernt, begabt sich selber.

Den Stil verbessern — das heißt den Gedanken verbessern, und gar nichts weiter! — Wer dies nicht sofort zugibt, ist auch nie davon zu überzeugen.

Es ist gut, eine Sache sofort doppelt auszudrükken und ihr einen rechten und einen linken Fuß zu geben. Auf einem Bein kann die Wahrheit zwar stehen; mit zweien aber wird sie gehen und herumkommen.

Das Letzte, was ein guter Autor bekommt, ist Fülle; wer sie mitbringt, wird nie ein guter Autor werden. Die edelsten Rennpferde sind mager, bis sie von ihren Siegen ausruhen dürfen.

Die geborenen Aristokraten des Geistes sind nicht zu eifrig; ihre Schöpfungen erscheinen und fallen an einem ruhigen Herbstabend vom Baume, ohne hastig begehrt, gefördert, durch

Neues verdrängt zu werden. Das unablässige Schaffenwollen ist gemein und zeigt Eifersucht, Neid, Ehrgeiz an. Wenn man etwas ist, so braucht man eigentlich nichts zu machen — und tut doch sehr viel.

Es gibt zwei Arten von Genies: eines, welches vor allem zeugt, und ein anderes, welches sich gerne befruchten läßt.

Ein guter Schriftsteller hat nicht nur seinen eigenen Geist, sondern auch noch den Geist seiner Freunde.

Wer erst geschrieben hat und die Leidenschaft des Schreibens in sich fühlt, lernt fast aus allem, was er treibt und erlebt, nur das noch heraus, was schriftstellerisch mitteilbar ist.

Es ist immer wie zwischen Achilles und Homer: der eine h a t das Erlebnis, die Empfindung, der andere b e s c h r e i b t sie. Ein wirklicher Schriftsteller gibt dem Affekt und der Erfahrung anderer nur Worte, er ist Künstler, um aus dem wenigen, was er empfunden hat, viel zu erraten. Künstler sind keineswegs die Menschen der großen Leidenschaft, aber häufig geben sie sich als solche, in der unbewußten Empfindung, daß man ihrer gemalten Leidenschaft mehr traut, wenn ihr eigenes Leben für ihre Erfahrung auf diesem Gebiete spricht. Man braucht sich ja nur gehen zu lassen, sich nicht zu beherrschen, seinem Zorn, seiner Begierde offenen Spielraum zu gönnen: sofort schreit alle Welt: Wie leidenschaftlich ist er! Aber mit der tief wühlenden, das Individuum anzehrenden und oft verschlingenden Leidenschaft hat es etwas auf sich: wer sie erlebt, beschreibt sie gewiß nicht in Dramen, Tönen oder Romanen.

Künstler sind nicht die Menschen der großen Leidenschaft, was sie uns und sich auch vorreden mögen. Und das aus zwei Gründen: es fehlt ihnen die Scham vor sich selber (sie sehen sich zu, indem sie leben; sie lauern sich auf, sie sind zu neugierig), und es fehlt ihnen auch die Scham vor der großen Leidenschaft (sie beuten sie als Artisten aus). Zweitens aber ihr Vampir, ihr Talent, mißgönnt ihnen meist solche Verschwendung von Kraft, welche Leidenschaft heißt. Mit einem

Talent ist man auch das Opfer seines Talents: man lebt unter dem Vampirismus seines Talents.
Man wird nicht dadurch mit seiner Leidenschaft fertig, daß man sie darstellt, vielmehr, man ist mit ihr fertig, wenn man sie darstellt.

Und wer von uns Dichtern hätte nicht seinen Wein verfälscht? Manch giftiger Mischmasch geschah in unseren Kellern, manches Unbeschreibliche ward da getan.

Die Künstler haben ein Interesse daran, daß man an Inspirationen glaubt.

Alles, was gedacht, gedichtet, gemalt, komponiert, selbst gebaut und gebildet wird, gehört entweder zur monologischen Kunst oder zur Kunst vor Zeugen.

Das Ohr, das Organ der Furcht, hat sich nur in der Nacht und in der Halbnacht dunkler Wälder und Höhlen so reich entwickeln können, wie es sich entwickelt hat, gemäß der Lebensweise des furchtsamen, das heißt des allerlängsten menschlichen Zeitalters, welches es gegeben hat: im Hellen ist das Ohr weniger nötig. Daher der Charakter der Musik, als einer Kunst der Nacht und Halbnacht.

Von allem Geschriebenen liebe ich nur das, was einer mit seinem Blute schreibt. Schreibe mit Blut: und du wirst erfahren, daß Blut Geist ist.

Die Gegensätze sich paarend in Mann und Weib zur Zeugung von etwas Drittem — Genesis der Werke des Genies!

Das Verlangen nach Kunst und Schönheit ist ein indirektes Verlangen nach den Entzückungen des Geschlechtstriebes, welche er dem Cerebrum mitteilt.

Ich wurde der Dichter müde, der alten und der neuen: Oberflächliche sind sie mir alle und seichte Meere.
Sie dachten nicht genug in die Tiefe: darum sank ihr Gefühl nicht bis zu den Gründen.
Etwas Wollust und etwas Langeweile: das ist noch ihr bestes Nachdenken gewesen.

Gespensterhauch und -huschen gilt mir all ihr Harfenklingklang; was wußten sie bisher von der Inbrunst der Töne! —
Sie sind mir auch nicht reinlich genug: sie trüben alle ihr Gewässer, daß es tief scheine. Und gerne geben sie sich damit als Versöhner: aber Mittler und Mischer bleiben sie mir, und Halbundhalbe und Unreinliche! —
Wahrlich, ihr Geist selber ist der Pfau der Pfauen und ein Meer von Eitelkeit!
Zuschauer will der Geist des Dichters.

Aber dieses Geistes wurde ich müde: und ich sehe es kommen, daß er seiner selber müde wird.
Verwandelt sah ich schon die Dichter, und gegen sich selber den Blick gerichtet.
Büßer des Geistes sah ich kommen: die wuchsen aus ihnen.

Der beste Autor wird der sein, welcher sich schämt, Schriftsteller zu werden.

Ein Mensch mit Genie ist unausstehlich, wenn er nicht mindestens noch zweierlei dazu besitzt: Dankbarkeit und Reinlichkeit.

Schutzmittel gegen das Genie — ein zweites Genie.

Was liegt an aller unserer Kunst der Kunstwerke, wenn jene höhere Kunst, die Kunst der Feste, uns abhanden kommt! Ehemals waren alle Kunstwerke an der großen Feststraße der Menschheit aufgestellt, als Erinnerungszeichen und Denkmäler hoher und seliger Momente. Jetzt will man mit den Kunstwerken die armen Erschöpften und Kranken von der großen Leidensstraße der Menschheit beiseitelocken für ein lüsternes Augenblickchen; man bietet ihnen einen kleinen Rausch und Wahnsinn an.

Ich will es machen wie Raffael und kein Marterbild mehr malen. Es gibt der erhabenen Dinge genug, als daß man die Erhabenheit dort aufzusuchen hätte, wo sie mit der Grausamkeit in Schwesterschaft lebt; und mein Ehrgeiz würde zudem kein Genügen daran finden, wenn ich mich zum sublimen Folterknecht machen wollte.

Wie der gute Prosaschriftsteller nur Worte

nimmt, welche der Umgangssprache angehören, doch lange nicht alle Worte derselben — wodurch eben der gewählte Stil entsteht —, so wird der gute Dichter der Zukunft nur Wirkliches darstellen und von allen phantastischen, abergläubischen, halbredlichen, abgeklungenen Gegenständen, an denen frühere Dichter ihre Kraft zeigten, völlig absehen. Nur Wirklichkeit, aber lange nicht jede Wirklichkeit! — sondern eine gewählte Wirklichkeit!

EWIGE GEGENWART

Unser Zeitalter ist ein aufgeregtes Zeitalter … es erhitzt sich fortwährend, weil es fühlt, daß es nicht warm ist — es friert im Grunde. Ich glaube nicht an die Größe aller dieser „großen Ereignisse“, von denen ihr sprecht.

Meine Freunde, wir haben es hart gehabt, als wir jung waren: wir haben an der Jugend selber gelitten wie an einer schweren Krankheit. Das macht die Zeit, in die wir geworfen sind — die Zeit eines großen, inneren Verfalles und Auseinanderfalles, welche mit allen ihren Schwächen und noch mit ihrer besten Stärke dem Geiste der Jugend entgegenwirkt. Das Auseinanderfallen, also die Ungewißheit ist dieser Zeit eigen: nichts steht auf festen Füßen und hartem Glauben an sich: man lebt für morgen, denn das Übermorgen ist zweifelhaft.

Wenn es einseitig sein sollte, nur die Schwäche der Linien und die Stumpfheit der Farben am

Bilde des modernen Lebens hervorzuheben, so ist jedenfalls die zweite Seite um nichts erfreulicher, sondern nur um so beunruhigender. Es sind gewiß Kräfte da, ungeheure Kräfte, aber wilde, ursprüngliche und ganz und gar unbarmherzige. Man sieht mit banger Erwartung auf sie hin wie in den Braukessel einer Hexenküche: es kann jeden Augenblick zucken oder blitzen, schreckliche Erscheinungen anzukündigen. Seit einem Jahrhundert sind wir auf fundamentale Erschütterungen vorbereitet; ... und die Jagd nach Glück wird nie größer sein, als wenn es zwischen heute und morgen erhascht werden muß: weil übermorgen vielleicht überhaupt alle Jagdzeit zu Ende ist. Wir leben die Periode der Atome, des atomistischen Chaos.

Wer wird das Bild des Menschen aufrichten, während alle nur den selbstsüchtigen Wurm und die hündische Angst in sich fühlen und so von jenem Bilde abgefallen sind, hinab ins Tierische oder gar in das Starr-Mechanische?

Oh, ihr armen Schelme in den großen Städten der Weltpolitik, ihr jungen, begabten, vom Ehrgeize gemarterten Männer, welche es für ihre Pflicht halten, zu allen Begebenheiten — es begibt sich immer etwas — ihr Wort zu sagen! Welche, wenn sie auf diese Art Staub und Lärm machen, glauben, der Wagen der Geschichte zu sein! Welche, weil sie immer horchen, immer auf den Augenblick passen, wo sie ihr Wort hineinwerfen können, jede echte Produktivität verlieren! Mögen sie auch noch so begehrlich nach großen Werken sein: die tiefe Schweigsamkeit der Schwangerschaft kommt nie zu ihnen! Das Ereignis des Tages jagt sie wie Spreu vor sich her, während sie meinen, das Ereignis zu jagen — die armen Schelme!

Diesen jungen Männern fehlt es weder an Charakter noch an Begabung noch an Fleiß: aber man hat ihnen nie Zeit gelassen, sich selber eine Richtung zu geben, vielmehr sie von Kindesbeinen an gewöhnt, eine Richtung zu empfangen. Damals, als sie reif genug waren, um „in die Wüste geschickt zu werden", tat man etwas anderes — man benutzte sie, man entwendete sie sich selber, man erzog sie zu dem täglichen Abgenutztwerden, man machte ihnen eine Pflichtenlehre daraus — und jetzt können sie es nicht mehr entbehren und wollen es nicht anders.

Dadurch, daß ihr vorwärts seht, ein großes Ziel euch steckt, bändigt ihr zugleich jenen üppigen analytischen Trieb, der euch jetzt die Gegenwart verwüstet und alle Ruhe, alles friedfertige Wachsen und Reifwerden fast unmöglich macht. Zieht um euch den Zaun einer großen und umfänglichen Hoffnung, eines hoffenden Strebens. Formt in euch ein Bild, dem die Zukunft entsprechen soll, und vergeßt den Aberglauben, Epigonen zu sein ...
... und trachtet jenem lähmenden Erziehungsbanne der Zeit zu entfliehen, die ihren Nutzen darin sieht, euch nicht reif werden zu lassen, um euch, die Unreifen, zu beherrschen und auszubeuten.

Ich vertraue der J u g e n d, daß sie mich recht geführt hat, wenn sie mich jetzt zu einem Proteste gegen die historische Jugenderziehung des modernen Menschen nötigt, und wenn der Protestierende fordert, daß der Mensch vor allem zu l e b e n lerne und nur i m D i e n s t e des erlernten Lebens die Historie gebrauche.

Die monumentale Historie täuscht durch Analogien: sie reizt mit verführerischen Ähnlichkeiten den Mutigen zur Verwegenheit, den Begeisterten zum Fanatismus; und denkt man sich gar diese Historie in den Händen und Köpfen der begabten Egoisten und der schwärmerischen Bösewichter, so werden Reiche zerstört, Fürsten ermordet, Kriege und Revolutionen angestiftet und die Zahl der geschichtlichen „Effekte an sich", das heißt der Wirkungen ohne zureichende Ursachen, von neuem vermehrt.
So viel zur Erinnerung an die Schäden, die die monumentale Historie unter den Mächtigen und Tätigen, seien sie nun gut oder böse, anrichten kann.

Das Übermaß von Historie hat die plastische Kraft des Lebens angegriffen, es versteht nicht mehr, sich der Vergangenheit wie einer kräftigen Nahrung zu bedienen. Das Übel ist furchtbar, und trotzdem! Wenn nicht die Jugend die hellseherische Gabe der Natur hätte, so würde niemand wissen, daß es ein Übel ist und daß ein Paradies der Gesundheit verlorengegangen ist.

Wie die Städte bei einem Erdbeben einstürzen und veröden und der Mensch nur zitternd und flüchtig sein Haus auf vulkanischem Grunde aufführt, so bricht das Leben selbst in sich zusammen und wird schwächlich und mutlos, wenn das Begriffsleben, das die Wissenschaft erregt, dem Menschen das Fundament aller seiner Sicherheit und Ruhe, den Glauben an das Beharrliche und Ewige nimmt. So bedarf die Wissenschaft einer höheren Aufsicht und Überwachung; eine Gesundheitslehre des Lebens stellt sich dicht neben die Wissenschaft, und ein Satz dieser Gesundheitslehre würde eben lauten: Das Unhistorische und das Überhistorische sind die natürlichen Gegenmittel gegen die Überwucherung des Lebens durch das Historische, gegen die historische Krankheit. Es ist wahrscheinlich, daß wir, die Historischkranken, auch an den Gegenmitteln zu leiden haben. Aber daß wir an ihnen leiden, ist kein Beweis gegen die Richtigkeit des gewählten Heilverfahrens.

Prüfe nur einer die Literatur des höheren Schul- und Erziehungswesens aus den letzten Jahrzehnten gerade daraufhin: der Prüfende wird zu seinem unmutigen Erstaunen gewahr werden, wie gleichförmig bei allen Schwankungen der Vorschläge, bei aller Heftigkeit der Widersprüche die gesamte Absicht der Erziehung gedacht wird... Jener Kanon lautet ungefähr: Der junge Mensch hat mit einem Wissen um die Bildung, nicht einmal mit einem Wissen um das Leben, noch weniger mit dem Leben und Erleben selbst zu beginnen. Und zwar wird dieses Wissen um die Bildung als historisches Wissen dem Jüngling eingeflößt oder eingerührt; das heißt, sein Kopf wird mit einer ungeheuren Anzahl von Begriffen angefüllt, die aus der höchst mittelbaren Kenntnis vergangener Zeiten und Völker, nicht aus der unmittelbaren Anschauung des Lebens abgezogen sind. Seine Begierde, selbst etwas zu erfahren und ein zusammenhängendes lebendiges System von eigenen Erfahrungen in sich wachsen zu fühlen — eine solche Begierde wird betäubt und gleichsam trunken gemacht, nämlich durch die üppige Vorspiegelung, als ob es in wenigen Jahren möglich sei, die höchsten und merkwürdigsten Erfahrungen alter Zeiten, und gerade der größten Zeiten, in sich zu summieren. Es ist ganz dieselbe wahnwitzige Methode, die unsere jungen bildenden Künstler in die Kunstkammern und Galerien führt, statt in die Werkstätte eines Meisters und vor allem in die einzige Werkstätte der einzigen Meisterin Natur. Ja, als ob man so als flüchtiger Spaziergänger in der Historie der Vergangenheiten ihre Griffe und Künste, ihren eigentlichen Lebensertrag absehen könnte! Ja, als ob das Leben selbst nicht ein Handwerk wäre, das aus dem Grunde und stetig gelernt und ohne Schonung geübt werden muß, wenn es nicht Stümper und Schwätzer auskriechen lassen soll!

Kultur kann nur aus dem Leben hervorwachsen und herausblühen.

Die Wissenschaften, ohne jedes Maß betrieben, zersplittern und lösen alles Festgeglaubte auf; die gebildeten Stände und Staaten werden von einer großartig verächtlichen Geldwirtschaft fortgerissen. Niemals war die Welt mehr Welt, nie ärmer an Liebe und Güte. Die gelehrten

Stände sind nicht mehr Leuchttürme oder Asyle inmitten aller dieser Unruhe der Verweltlichung, sie selbst werden täglich immer unruhiger, gedanken- und liebloser. Alles dient der kommenden Barbarei, die jetzige Kunst und Wissenschaft mit einbegriffen. Der Gebildete ist zum größten Feinde der Bildung abgeartet, denn er will die allgemeine Krankheit weglügen und ist den Ärzten hinderlich... Es liegt ein Wintertag auf uns, und am hohen Gebirge wohnen wir, gefährlich und in Dürftigkeit. Kurz ist jede Freude und bleich jeder Sonnenglanz, der an den weißen Bergen zu uns herabschleicht. Da ertönt Musik, ein alter Mann dreht einen Leierkasten, die Tänzer drehen sich — es erschüttert den Wanderer, dies zu sehen.

Wahrlich, meine Freunde, ich wandle unter den Menschen wie unter den Bruchstücken und Gliedmaßen von Menschen!
Dies ist meinem Auge das Fürchterliche, daß ich den Menschen zertrümmert finde und zerstreut wie über ein Schlacht- und Schlächterfeld hin.
Und flüchtet mein Auge vom Jetzt zum Ehe-

mals: es findet immer das gleiche: Bruchstücke und Gliedmaßen und grause Zufälle — aber keine Menschen!

Der Mensch muß die Kraft haben und von Zeit zu Zeit anwenden, eine Vergangenheit zu zerbrechen und aufzulösen, um leben zu können: dies erreicht er dadurch, daß er sie vor Gericht zieht, peinlich inquiriert und endlich verurteilt; jede Vergangenheit aber ist wert, verurteilt zu werden — denn so steht es nun einmal mit den menschlichen Dingen: immer ist in ihnen die menschliche Gewalt und Schwäche mächtig gewesen.

Wo sind die Ärzte der modernen Menschheit, die selber so fest und gesund auf ihren Füßen stehen, daß sie einen anderen noch halten und an der Hand führen könnten?

Unsere Zeit macht den Eindruck eines Interimzustandes; die alten Weltbetrachtungen, die alten Kulturen sind noch teilweise vorhanden, die neuen noch nicht sicher und gewohnheitsmäßig und daher ohne Geschlossenheit und Konsequenz. Es sieht aus, als ob alles chaotisch würde, das Alte verlorenginge, das Neue nichts tauge und immer schwächer werde... Wir schwanken, aber es ist nötig, dadurch nicht ängstlich zu werden und das Neuerrungene etwa preiszugeben. Überdies können wir ins Alte nicht zurück, wir haben die Schiffe verbrannt; es bleibt nur übrig, tapfer zu sein, mag nun dabei dies oder jenes herauskommen.

Der bisherige Mensch — gleichsam ein Embryo des Menschen der Zukunft; — alle gestaltenden Kräfte, die auf diesen hinzielen, sind in ihm: und weil sie ungeheuer sind, so entsteht für das jetzige Individuum, je mehr es zukunftsbestimmend ist, Leiden. Dies ist die tiefste Auffassung des Leidens: die gestaltenden Kräfte stoßen sich.

Die Verschiedenheit der Sprache verhindert am meisten, das zu sehen, was im Grunde vor sich geht — das Verschwinden des Nationalen und die Erzeugung des europäischen Menschen.

Wir Neuen, Namenlosen, Schlechtverständlichen, wir Frühgeburten einer noch unbewiesenen Zukunft — wir bedürfen zu einem neuen Zwecke auch eines neuen Mittels — nämlich einer neuen Gesundheit, einer stärkeren, gewitzteren, zäheren, verwegeneren, lustigeren, als alle Gesundheiten bisher waren. Wessen Seele darnach dürstet, den ganzen Umfang der bisherigen Werte und Wünschbarkeiten erlebt und alle Küsten dieses „idealischen Mittelmeeres" umschifft zu haben, wer aus den Abenteuern der eigensten Erfahrung wissen will, wie es einem Eroberer und Entdecker des Ideals zumute ist, insgleichen einem Künstler, einem Heiligen, einem Gesetzgeber, einem Weisen, einem Gelehrten, einem Frommen, einem Wahrsager, einem Göttlich-Abseitigen alten Stils: der hat dazu zuallererst eins nötig, die große Gesundheit — eine solche, welche man nicht nur hat, sondern auch beständig noch erwirbt und erwerben muß, weil man sie immer preisgibt, preisgeben muß!

Das Nachdenken ist um all seine Würde der Form gekommen, man hat das Zeremoniell und die feierliche Gebärde des Nachdenkenden zum Gespött gemacht und würde einen weisen Mann alten Stils nicht mehr aushalten. Wir denken zu rasch und unterwegs und mitten im Gehen, mitten in Geschäften aller Art, selbst wenn wir an das Ernsthafteste denken; wir brauchen wenig Vorbereitung, selbst wenig Stille: — es ist, als ob wir eine unaufhaltsam rollende Maschine im Kopfe herumtrügen, welche selbst unter den ungünstigsten Umständen noch arbeitet. Ehemals sah man es jedem an, daß er einmal denken wollte, daß er jetzt weiser werden wollte und sich auf einen Gedanken gefaßt machte: man zog ein Gesicht dazu wie zu einem Gebet und hielt den Schritt an; ja man stand stundenlang auf der Straße still, wenn der Gedanke „kam".

Wo ist eigentlich alles Nachdenken über sittliche Fragen hingekommen, mit welchen sich doch jede edler entwickelte Geselligkeit zu allen Zeiten beschäftigt hat? Es gibt keine Berühmtheiten und kein Nachdenken jener Art mehr; man zehrt tatsächlich an dem ererbten Kapital von Sittlichkeit, welches unsere Vorfahren aufhäuften und welches wir nicht zu mehren, sondern nur zu verschwenden verstehen; man redet über solche Dinge in unserer

Gesellschaft entweder gar nicht oder mit einer naturalistischen Ungeübtheit und Unerfahrenheit, welche Widerwillen erregen muß. So ist es gekommen, daß unsere Schulen und Lehrer von einer sittlichen Erziehung einfach absehen oder sich mit Förmlichkeiten abfinden: und Tugend ist ein Wort, bei dem Lehrer und Schüler sich nichts mehr denken können, ein altmodisches Wort, über das man lächelt — und schlimm, wenn man nicht lächelt, denn dann wird man heucheln.

Ich sehe durchaus nicht ab, wie einer es wieder gutmachen kann, der versäumt hat, zur rechten Zeit in eine g u t e S c h u l e zu gehen. Ein solcher kennt sich nicht; er geht durchs Leben, ohne gelernt zu haben; der schlaffe Muskel verrät sich bei jedem Schritt noch. Mitunter ist das Leben so barmherzig, diese harte Schule nachzuholen: jahrelanges Siechtum vielleicht, das die äußerste Willenskraft und Selbstgenügsamkeit herausfordert; oder eine plötzlich hereinbrechende Notlage, zugleich noch für Weib und Kind, welche eine Tätigkeit erzwingt, die den e r s c h l a f f t e n Fasern wieder Energie gibt und dem Willen zum Leben die *Zähigkeit* zuückgewinnt. Das Wünschenswerteste bleibt unter allen Umständen eine harte Disziplin *zur rechten Zeit*, das heißt in jenem Alter noch, wo es stolz macht, viel von sich verlangt zu sehen.

Wo es mächtige Gesellschaften, Regierungen, Religionen, öffentliche Meinungen gegeben hat, kurz, wo je eine Tyrannei war, da hat sie den einsamen Philosophen gehaßt; denn die Philosophie eröffnet dem Menschen ein Asyl, wohin keine Tyrannei dringen kann, die Höhle des Innerlichen, das Labyrinth der Brust: und das ärgert die Tyrannen.

Wie unsere Künste selber immer intellektualer, unsere Sinne geistiger werden und wie man zum Beispiel jetzt ganz anders darüber urteilt, was sinnlich wohltönend ist, als vor hundert Jahren: so werden auch die Formen unseres Lebens immer *geistiger*, für das Auge älterer Zeiten vielleicht *häßlicher*, aber nur, weil es nicht zu sehen vermag, wie das Reich der inneren, geistigen Schönheit sich fortwährend vertieft und erweitert und inwiefern uns allen der geistreiche Blick jetzt mehr gelten darf als der schönste Gliederbau und das erhabenste Bauwerk.

D a ß d e r M e n s c h e r l ö s t w e r d e v o n d e r R a c h e: das ist mir die Brücke zur höchsten Hoffnung und ein Regenbogen nach langen Unwettern.

Erwägt man, wie auf jeden einzelnen eine philosophische Gesamtrechtfertigung seiner Art, zu leben und zu denken, wirkt — nämlich gleich einer wärmenden, sengenden, befruchtenden, eigens ihm leuchtenden Sonne, wie sie unabhängig von Lob und Tadel, selbstgenügsam, reich, freigebig an Glück und Wohlwollen macht, wie sie unaufhörlich das Böse zum Guten umschafft, alle Kräfte zum Blühen und Reifwerden bringt und das kleine und große Unkraut des Grams und der Verdrießlichkeit gar nicht aufkommen läßt: — so ruft man zuletzt verlangend aus: Oh, daß doch viele solche neue Sonnen noch geschaffen würden!

EIN SELBSTBILDNIS

Ich kam, euch zu helfen, und ihr beklagt euch, daß ich nicht mit euch weinen will.

Ein Brand und eine Gefahr will ich heißen allen trockenen Seelen; glühende Asche soll vor mir herstäuben.

Brand und Verbrennung ist mein Leben: und länger als das Opfer lebt der Weihrauch seiner Opferung. Weit über das Meer fliegt sein Duft; er erschüttert den einsam Schiffenden.

Ich will keine Erkenntnis mehr ohne Gefahr: immer sei das tückische Meer oder das erbarmungslose Hochgebirge um den Forschenden!

Ich würde an jedem einzelnen meiner Affekte zugrunde gegangen sein. Ich habe immer einen gegen den anderen gesetzt.

Manchen Abschied nahm ich schon, ich kenne die herzbrechenden Stunden.

Meine stärkste Eigenschaft ist die Selbstüberwindung. Aber ich habe sie auch am meisten nötig — ich bin immer am Abgrunde.

Die Nachgekommenen sagen von ihm: „Seitdem stieg er immer höher und höher." — Aber sie verstehen nichts von diesem Martyrium des Aufsteigens: ein großer Mensch wird gestoßen, gedrückt, gedrängt, hinaufgemartert in seine Höhe.

Zwischen zwei Gefahren läuft mein schmaler Weg: eine Höhe ist meine Gefahr, die heißt „Übermut", ein Abgrund ist meine Gefahr, die heißt „Mitleiden".

Liebe ich die Menschen? Liebe ich mich? Aber sie gehören zu meinem Vorhaben, gleich mir.

Ich habe meine Schriften jederzeit mit meinem ganzen Leib und Leben geschrieben.

Die Vorstellung: „Dieser Gedanke könnte nicht wahr sein!" erschüttert mich. „Er wird als nicht wahr gelten!" — läßt mich kalt, ich setze es voraus: denn sie haben nicht so viel Zeit und Leidenschaft zuzusetzen wie ich.

Die zehn Gebote des Freigeistes:
Du sollst Völker weder lieben noch hassen.
Du sollst keine Politik treiben.
Du sollst nicht reich und auch kein Bettler sein.
Du sollst den Berühmten und Einflußreichen aus dem Wege gehen.
Du sollst dein Weib aus einem anderen Volke als dem eigenen nehmen.
Du sollst deine Kinder durch deine Freunde erziehen lassen.
Du sollst dich keiner Zeremonie der Kirche unterwerfen.
Du sollst ein Vergehen nicht bereuen, sondern seinetwegen eine Guttat mehr tun.
Du sollst, um die Wahrheit sagen zu können, das Exil vorziehen.
Du sollst die Welt gegen dich und dich gegen die Welt gewähren lassen.

Täglich erstaune ich: ich kenne mich selber nicht!

Vielleicht weiß das schon alle Welt: aber ich weiß es erst seit gestern, da fiel es mir ein! Und nun lebe ich so fort, jeden Tag nur meine gestrige Entdeckung auf der Seele und bereit, sie an die Wand zu schreiben, damit alle Welt sich mit mir ihrer erfreue.

Ich habe hoch über Wagner die Tragödie mit Musik gesehen — und hoch über Schopenhauer die Musik in der Tragödie des Daseins gehört.

Wenn ich von Plato, Pascal, Spinoza und Goethe rede, so weiß ich, daß ihr Blut in dem meinen rollt — ich bin stolz, wenn ich von ihnen die Wahrheit sage — die Familie ist gut genug, daß sie nicht nötig hat, zu dichten oder zu verhehlen: und so stehe ich zu allem Gewesenen, ich bin stolz auf die Menschlichkeit, und stolz gerade in der unbedingten Wahrhaftigkeit.

Im dunklen Gewitter will ich verschwinden: und für meine letzten Augenblicke will ich Mensch zugleich und Blitz sein.

DAS TRUNKNE LIED

Als Zarathustra dreißig Jahre alt war, verließ er seine Heimat und den See seiner Heimat und ging in das Gebirge. Hier genoß er seines Geistes und seine Einsamkeit und wurde dessen zehn Jahre nicht müde. Endlich aber verwandelte sich sein Herz — und eines Morgens stand er mit der Morgenröte auf, trat vor die Sonne hin und sprach zu ihr also:

„Du großes Gestirn! Was wäre dein Glück, wenn du nicht die hättest, welchen du leuchtest!

Zehn Jahre kamst du hier herauf zu meiner Höhle: du würdest deines Lichtes und dieses Weges satt geworden sein, ohne mich, meinen Adler und meine Schlange.

Aber wir warteten deiner an jedem Morgen, nahmen dir deinen Überfluß ab und segneten dich dafür.

Siehe! Ich bin meiner Weisheit überdrüssig, wie die Biene, die des Honigs zuviel gesammelt hat, ich bedarf der Hände, die sich ausstrecken.

Ich möchte verschenken und austeilen, bis die Weisen unter den Menschen wieder einmal ihre Torheit und die Armen wieder einmal ihres Reichtums froh geworden sind. Dazu muß ich in die Tiefe steigen: wie du des Abends tust, wenn du hinter das Meer gehst und noch der Unterwelt Licht bringst, du überreiches Gestirn!"

O Einsamkeit! Du meine Heimat Einsamkeit! Zu lange lebte ich wild in wilder Fremde, als daß ich nicht mit Tränen zu dir heimkehrte!

Still! Still! Ward die Welt nicht eben vollkommen? Was geschieht mir doch?
Wie ein zierlicher Wind, ungesehen, auf getäfeltem Meere tanzt, leicht, federleicht: so — tanzt der Schlaf auf mir ...
Wie ein Schiff, das in seine stillste Bucht einlief: — nun lehnt es sich an die Erde, der langen Reise müde und der ungewissen Meere. Ist die Erde nicht treuer?
Wie solch ein Schiff sich dem Lande anlegt, anschmiegt: — da genügt's, daß eine Spinne vom Lande her zu ihm ihren Faden

spinnt. Keiner stärkeren Taue bedarf es da. Wie solch ein müdes Schiff in der stillsten Bucht: so ruhe auch ich nun der Erde nahe, treu, zutrauend, wartend, mit den leisesten Fäden angebunden.

O Glück! O Glück! Willst du wohl singen, o meine Seele? Du liegst im Grase. Aber das ist die heimliche feierliche Stunde, wo kein Hirt seine Flöte bläst.

Scheue dich! Heißer Mittag schläft auf den Fluren. Singe nicht! Still! Die Welt ist vollkommen.

Singe nicht, du Grasgeflügel, o meine Seele! Flüstere nicht einmal! Sieh doch — still! Der alte Mittag schläft, er bewegt den Mund: trinkt er nicht eben einen Tropfen Glücks — einen alten braunen Tropfen goldenen Glücks, goldenen Weins? Es huscht über ihn hin, sein Glück lacht. So — lacht ein Gott. Still! —

Das Wenigste gerade, das Leiseste, Leichteste, einer Eidechse Rascheln, ein Hauch, ein Husch, ein Augenblick — w e n i g macht die Art des b e s t e n Glücks.

Still!

— Was geschah mir: horch! Flog die Zeit

wohl davon? Falle ich nicht? Fiel ich nicht — horch! In den Brunnen der Ewigkeit?

Der Sonne lernte ich das ab, wenn sie hinabgeht, die Überreiche: Gold schüttet sie da ins Meer aus unerschöpflichem Reichtume — also daß der ärmste Fischer noch mit goldenem Ruder rudert! Dies nämlich sah ich einst und wurde der Tränen nicht satt im Zuschauen. — —
Der Sonne gleich will auch Zarathustra untergehen: nun sitzt er hier und wartet, alte zerbrochene Tafeln um sich und auch neue Tafeln — halbbeschriebene.

Gestern gen Abend sprach zu mir *meine stillste Stunde*: Das ist der Name meiner furchtbaren Herrin.
Und so geschah's — denn alles muß ich euch sagen, daß euer Herz sich nicht verhärte gegen den plötzlich Scheidenden!
Kennt ihr den Schrecken des Einschlafenden? — Bis in die Zehen hinein erschrickt er, darob, daß ihm der Boden weicht und der Traum beginnt.
Dieses sage ich euch zum Gleichnis. Gestern,

zur stillsten Stunde, wich mir der Boden: der Traum begann.
Der Zeiger rückte, die Uhr meines Lebens holte Atem — nie hörte ich solche Stille um mich: also daß mein Herz erschrak.
Dann sprach es ohne Stimme zu mir: „Du weißt es, Zarathustra?" —
Und ich schrie vor Schrecken bei diesem Flüstern, und das Blut wich aus meinem Gesichte: aber ich schwieg...
Da sprach es wieder ohne Stimme zu mir: „Was liegt an dir, Zarathustra! Sprich dein Wort und zerbrich!" —

Die Feigen fallen von den Bäumen, sie sind gut und süß; und indem sie fallen, reißt ihnen die rote Haut. Ein Nordwind bin ich reifen Feigen.
Also, gleich Feigen, fallen euch diese Lehren zu, meine Freunde: nun trinkt ihren Saft und ihr süßes Fleisch! Herbst ist es umher und reiner Himmel und Nachmittag.
Seht, welche Fülle ist um uns! Und aus dem Überflusse heraus ist es schön, hinauszublicken auf ferne Meere.
Einst sagte man Gott, wenn man auf ferne

Meere blickte; nun aber lehrte ich euch sagen: Übermensch.

Hier ist Herbst und Ernte und Überfluß und Nachmittag und ferne Meere: aber jetzt gerade muß ich Vogel sein und über euch fort nach Mittag fliegen: aus eurem Herbste heraus wahrsage ich euch einen Winter und eine eisige Armut.

Knirschend schlage ich an das Ufer eurer Flachheit, knirschend wie eine wilde Woge, wenn sie widerwillig in den Sand beißt ...

Bleibt mir der Erde treu, meine Brüder, mit der Macht eurer Tugend! Eure schenkende Liebe und eure Erkenntnis diene dem Sinn der Erde!
Also bitte und beschwöre ich euch.
Laßt sie nicht davonfliegen vom Irdischen und mit den Flügeln gegen ewige Wände schlagen! Ach, es gab immer so viel verflogene Tugend!

In einem Leib von Eis geborgen ein kostbarer Tropfen süßen scharfen Weins — das ist mir das Glück — ja, wenn es Götter gäbe, sie wären mir auf diesen Tropfen neidisch!

In dein Auge schaute ich jüngst, o Leben! Gold sah ich in deinem Nachtauge blinken. Mein Herz stand still vor dieser Wollust.
Einen goldenen Kahn sah ich blinken auf nächtigen Gewässern, einen sinkenden, trinkenden, wieder winkenden, goldenen Schaukelkahn.

Aufrecht geht mir beizeiten, o meine Brüder, lernt aufrecht gehen! Das Meer stürmt: viele wollen an euch sich wieder aufrichten.
Das Meer stürmt: alles ist im Meere. Wohlan! Wohlan! Ihr alten Seemannsherzen!
Was Vaterland! D o r t h i n will unser Steuer, wo unser K i n d e r l a n d ist! Dorthinaus, stürmischer als das Meer, stürmt unsere große Sehnsucht!

Wahrlich, ich wollte, ihr Wahnsinn hieße Wahrheit oder Treue oder Gerechtigkeit: aber sie haben ihre Tugend, um lange zu leben und in einem erbärmlichen Behagen.
Ich bin ein Geländer am Strome: fasse mich,

wer mich fassen kann! Eure Krücke aber bin ich nicht.

Noch bist du nicht frei, du s u c h s t noch nach Freiheit. Übernächtig machte dich dein Suchen und überwach.
In die freie Höhe willst du, nach Sternen dürstet deine Seele. Aber auch deine schlimmen Triebe dürsten nach Freiheit.
Deine wilden Hunde wollen in die Freiheit; sie bellen vor Lust in ihrem Keller, wenn dein Geist alle Gefängnisse zu lösen trachtet.
Noch bist du mir ein Gefangener, der sich Freiheit ersinnt: Ach, klug wird solchen Gefangenen die Seele, aber auch arglistig und schlecht.
Reinigen muß sich auch der Befreite des Geistes. Viel Gefängnis und Moder ist noch in ihm zurück: rein muß noch sein Auge werden.

O Himmel über mir, du reiner! Tiefer! Du Lichtabgrund! Dich schauend schaudere ich vor göttlichen Begierden.
In deine Höhe mich zu werfen — das ist m e i n e Tiefe!

In deine Reinheit mich zu bergen — das ist m e i n e Unschuld! ...
Wir sind Freunde von Anbeginn: uns ist Gram und Grauen und Grund gemeinsam; noch die Sonne ist uns gemeinsam ...
Und all mein Wandern und Bergsteigen: eine Not war's nur und ein Behelf des Unbeholfenen: — f l i e g e n allein will mein ganzer Wille, in dich hinein fliegen!

Süße Leier! Süße Leier! Ich liebe deinen Ton! — wie lange her, wie fern her kommt mir dein Ton, weit her, von den Teichen der Liebe!
Du alte Glocke, du süße Leier! Jeder Schmerz riß dir ins Herz, Vaterschmerz, Väterschmerz, Urväterschmerz; deine Rede wurde reif — reif gleich goldenem Herbste und Nachmittage, gleich meinem Einsiedlerherzen —, nun redest du: die Welt selber ward reif, die Traube bräunt.

Nacht ist es: nun reden lauter alle springenden Brunnen. Und auch meine Seele ist ein springender Brunnen.
Nacht ist es: nun erst erwachen alle Lieder der

Liebenden. Und auch meine Seele ist das Lied eines Liebenden.

Lerntet ihr nun mein Lied? Errietet ihr, was es will? Wohlan! Wohlauf! Ihr höheren Menschen, so singt mir nun meinen Rundgesang! Singt mir nun selber das Lied, des Name ist „Noch einmal", des Sinn ist „In alle Ewigkeit!" — singt, ihr höheren Menschen, Zarathustras Rundgesang!

O Mensch! Gib acht!
Was spricht die tiefe Mitternacht?
Ich schlief, ich schlief —,
Aus tiefem Traum bin ich erwacht: —
Die Welt ist tief.
Und tiefer, als der Tag gedacht.
Tief ist ihr Weh —,
Lust — tiefer noch als Herzeleid:
Weh spricht: Vergeh!
Doch alle Lust will Ewigkeit —,
— will tiefe, tiefe Ewigkeit!

NACH NEUEN MEEREN

Nach neuen Meeren

Dorthin — will ich; und ich traue
mir fortan und meinem Griff.
Offen liegt das Meer, ins Blaue
treibt mein Genueser Schiff.

Alles glänzt mir neu und neuer,
Mittag schläft auf Raum und Zeit —:
Nur dein Auge — ungeheuer
blickt mich's an, Unendlichkeit!

Der neue Columbus

Freundin! — sprach Columbus — traue
keinem Genuesen mehr!
Immer starrt er in das Blaue —
Fernstes lockt ihn allzusehr!

Fremdestes ist nun mir teuer!
Genua — das sank, das schwand —
Herz, bleib kalt! Hand, halt das Steuer!
Vor mir Meer — und Land? — und Land? —

Stehen fest wir auf den Füßen!
Nimmer können wir zurück!
Schau hinaus: von fernher grüßen
uns e i n Tod, e i n Ruhm, e i n Glück!

Im Süden

So häng' ich denn auf krummem Aste
und schaukle meine Müdigkeit.
Ein Vogel lud mich her zu Gaste,
ein Vogelnest ist's, drin ich raste.
Wo bin ich doch? Ach, weit! Ach, weit!

Das weiße Meer liegt eingeschlafen,
und purpurn steht ein Segel drauf.
Fels, Feigenbäume, Turm und Hafen,
Idylle rings, Geblök von Schafen, —
Unschuld des Südens, nimm mich auf!

Nur Schritt für Schritt — das ist kein Leben,
stets Bein vor Bein macht deutsch und schwer.
Ich hieß den Wind mich aufwärts heben,
ich lernte mit den Vögeln schweben, —
nach Süden flog ich übers Meer.

Vernunft? Verdrießliches Geschäfte!
Das bringt uns allzubald ans Ziel!
Im Fliegen lernt' ich, was mich äffte, —
schon fühl' ich Mut und Blut und Säfte
zu neuem Leben, neuem Spiel...

Mein Glück!

Die Tauben von San Marco seh' ich wieder:
Still ist der Platz, Vormittag ruht darauf.
In sanfter Kühle schick' ich müßig Lieder
gleich Taubenschwärmen in das Blau hinauf —
    und locke sie zurück,
noch einen Reim zu hängen ins Gefieder
    — mein Glück! Mein Glück!

Du stilles Himmels-Dach, blau-licht, von Seide,
wie schwebst du schirmend ob des bunten Bau's,
den ich — was sag' ich? — liebe, fürchte, neide ...
Die Seele wahrlich tränk' ich gern ihm aus!
    Gäb' ich sie je zurück? —
Nein, still davon, du Augen-Wunderweide!
    — mein Glück! Mein Glück!

Du strenger Turm, mit welchem Löwendrange
stiegst du empor hier, siegreich, sonder Müh'!
Du überklingst den Platz mit tiefem Klange —:
Französisch, wärst du sein accent aigu?
    Blieb' ich gleich dir zurück,
ich wüßte, aus welch seidenweichem Zwange ...
    — mein Glück! Mein Glück!

Fort, fort Musik! Laß erst die Schatten dunkeln
und wachsen bis zur braunen lauen Nacht!
Zum Tone ist's zu früh am Tag, noch funkeln
die Gold-Zieraten nicht in Rosen-Pracht,
        noch blieb viel Tag zurück,
viel Tag für Dichten, Schleichen, Einsam-Munkeln
        — mein Glück! Mein Glück!

Venedig

An der Brücke stand
jüngst ich in brauner Nacht.
Fernher kam Gesang:
goldener Tropfen quoll's
über die zitternde Fläche weg.
Gondeln, Lichter, Musik —
trunken schwamm's in die Dämm'rung
hinaus . . .

Meine Seele, ein Saitenspiel,
sang sich, unsichtbar berührt,
heimlich ein Gondellied dazu,
zitternd vor bunter Seligkeit.
— Hörte jemand ihr zu? . . .

Liebeserklärung

Oh Wunder! Fliegt er noch?
Er steigt empor, und seine Flügel ruhn?
Was hebt und trägt ihn doch?
Was ist ihm Ziel und Zug und Zügel nun?

Gleich Stern und Ewigkeit
lebt er in Höh'n jetzt, die das Leben flieht,
mitleidig selbst dem Neid —:
Und hoch flog, wer ihn auch nur schweben sieht!

Oh Vogel Albatroß!
Zur Höhe treibt's mit ewgem Triebe mich.
Ich dachte dein: da floß
mir Trän' um Träne — ja, ich liebe dich!

Ecce-Homo

Ja! Ich weiß, woher ich stamme!
Ungesättigt gleich der Flamme
glühe und verzehr' ich mich.
Licht wird alles, was ich fasse,
Kohle alles, was ich lasse:
Flamme bin ich sicherlich!

Sternen-Moral

Vorausbestimmt zur Sternenbahn,
was geht dich, Stern, das Dunkel an?

Roll selig hin durch diese Zeit!
Ihr Elend sei dir fremd und weit!

Der fernsten Welt gehört dein Schein:
Mitleid soll Sünde für dich sein!

Nur ein Gebot gilt dir: sei rein!

An den Mistral

Mistral-Wind, du Wolken-Jäger,
Trübsal-Mörder, Himmels-Feger,
Brausender, wie lieb' ich dich!
Sind wir zwei nicht e i n e s Schoßes,
Erstlingsgabe e i n e s Loses
Vorbestimmte ewiglich?

Hier auf glatten Felsenwegen
Lauf' ich tanzend dir entgegen,
tanzend, wie du pfeifst und singst:
Der du ohne Schiff und Ruder
als der Freiheit freister Bruder
über wilde Meere springst.

Kaum erwacht, hört' ich dein Rufen,
stürmte zu den Felsenstufen,
hin zur gelben Wand am Meer.
Heil! Da kamst du schon gleich hellen
diamant'nen Stromesschnellen
sieghaft von den Bergen her.

Auf den ebnen Himmels-Tennen
sah ich deine Rosse rennen,
sah den Wagen, der dich trägt,
sah die Hand dir selber zücken,
wenn sie auf der Rosse Rücken
blitzesgleich die Geißel schlägt, —

Sah dich aus dem Wagen springen,
schneller dich hinabzuschwingen,
sah dich wie zum Pfeil verkürzt
senkrecht in die Tiefe stoßen, —
wie ein Goldstrahl durch die Rosen
erster Morgenröten stürzt.

Tanze nun auf tausend Rücken,
Wellen-Rücken, Wellen-Tücken —
Heil, wer neue Tänze schafft!
Tanzen wir in tausend Weisen,
frei — sei u n s r e Kunst geheißen,
fröhlich — u n s r e Wissenschaft!

Jagen wir die Himmels-Trüber,
Welten-Schwärzer, Wolken-Schieber,
Hellen wir das Himmelreich!
Brausen wir ... oh aller freien
Geister Geist, mit dir zu zweien
b r a u s t mein Glück dem Sturme gleich. —

— Und daß ewig das Gedächtnis
solchen Glücks nimm sein Vermächtnis,
nimm den Kranz hier mit hinauf!
Wirf ihn höher, ferner, weiter,
stürm empor die Himmelsleiter,
häng ihn — an den Sternen auf!

Das Feuerzeichen

Hier, wo zwischen Meeren die Insel wuchs,
ein Opferstein jäh hinaufgetürmt,
hier zündet sich unter schwarzem Himmel
Zarathustra seine Höhenfeuer an —
Feuerzeichen für verschlagne Schiffer,
Fragezeichen für solche, die Antwort haben...

Meine Seele selber ist diese Flamme:
unersättlich nach neuen Fernen
lodert aufwärts, aufwärts ihre stille Glut.

Verschlagne Schiffer! Trümmer alter Sterne!
Ihr Meere der Zukunft! Unausgeforschte Himmel!
Nach allem Einsamen werfe ich jetzt die Angel:
gebt Antwort auf die Ungeduld der Flamme,
fangt mir, dem Fischer auf hohen Bergen,
meine siebente, l e t z t e Einsamkeit! —

Dem unbekannten Gott

Noch einmal, eh ich weiterziehe
und meine Blicke vorwärts sende,
heb' ich vereinsamt meine Hände
zu dir empor, zu dem ich fliehe,
dem ich in tiefster Herzenstiefe
Altäre feierlich geweiht,
daß allezeit
mich deine Stimme wieder riefe.

Darauf erglüht tiefeingeschrieben
das Wort: Dem unbekannten Gotte.
Sein bin ich, ob ich in der Frevler Rotte
auch bis zur Stunde bin geblieben:
sein bin ich — und ich fühl' die Schlingen,
die mich im Kampf darniederziehn
und, mag ich fliehn,
mich doch zu seinem Dienste zwingen.

Ich will dich kennen, Unbekannter,
du tief in meine Seele Greifender,
mein Leben wie ein Sturm Durchschweifender,
du Unfaßbarer, mir Verwandter!
Ich will dich kennen, selbst dir dienen.

Die Sonne sinkt

Nicht lange durstest du noch,
verbranntes Herz!
Verheißung ist in der Luft,
aus unbekannten Mündern bläst mich's an,
— die große Kühle kommt...

Meine Sonne stand heiß über mir im Mittage;
seid mir gegrüßt, daß ihr kommt,
ihr plötzlichen Winde,
ihr kühlen Geister des Nachmittags!

Die Luft geht fremd und rein.
Schielt nicht mit schiefem
Verführerblick
die Nacht mich an?...
Bleib stark, mein tapfres Herz,
Frag nicht: warum?

Tag meines Lebens!
die Sonne sinkt.
Schon steht die glatte
Flut vergüldet.

Warm atmet der Fels:
    schlief wohl zu Mittag
das Glück auf ihm seinen Mittagsschlaf?
    In grünen Lichtern
spielt Glück noch der braune Abgrund herauf...

Heiterkeit, güldene, komm!
    Du des Todes
heimlichster süßester Vorgenuß!
— Lief ich zu rasch meines Wegs?
Jetzt erst, wo der Fuß müde ward,
    holt dein Blick mich noch ein,
    holt dein Glück mich noch ein.

Rings nur Welle und Spiel.
    Was je schwer war,
sank in blaue Vergessenheit,
müßig steht nun mein Kahn.
Sturm und Fahrt — wie verlernt' er das!
    Wunsch und Hoffen ertrank,
    glatt liegt Seele und Meer.

Siebente Einsamkeit!
Nie empfand ich
näher mir süße Sicherheit,
wärmer der Sonne Blick.
— Glüht nicht das Eis meiner Gipfel noch?
Silbern, leicht, ein Fisch
schwimmt nun mein Nachen hinaus...

SCHLUSSBEMERKUNG

Friedrich Nietzsche hat sein Denken nicht, wie Spinoza, Leibniz oder Kant, in systematischer Form niedergelegt. Er zeichnete seine Gedanken zumeist in knapper aphoristischer Prägung auf, verfaßte nur wenige kleinere Abhandlungen, gebrauchte aber vielfach den dichterischen Ausdruck für die Gestaltung seiner philosophischen Einsichten. Bei einer so unmittelbar dem schöpferischen Augenblick verbundenen Niederschrift ergibt es sich von selbst, daß die Grundgedanken – früh gefunden, bald gereift und in späteren Jahren oft unmäßig übersteigert – kaum je zu einer letztgültigen Formulierung gelangt sind, sondern, viele Jahre den Weg Nietzsches begleitend, in immer wieder neuen Bildvarianten auftreten.
Dieser überwiegend essayistische, auch dichterische Charakter der Schriften Nietzsches kommt dem Veranstalten einer Auswahl entgegen, da es oft möglich ist, die jeweilige Formulierung in ihrer Gesamtheit wiederzugeben. Ist man bei einem philosophischen System genötigt, die einzelnen Leitmotive aus einer verästelten Konstruktion herauszubrechen, so bleibt bei Nietzsche eine anthologische Ausgabe dem inneren Rhythmus des Gesamtwerkes stets verwandter, als es etwa je bei Hegel der Fall sein könnte.

Die vorliegende Ausgabe folgt der im Vorwort ausgesprochenen Überzeugung und ist bemüht, den im menschlichen Sinn bleibenden Nietzsche zu zeigen. Dem ausgewählten Text liegt die achtbändige Gesamtausgabe mit dem Ergänzungsband des Alfred Kröner Verlages, Leipzig 1926, zugrunde, sowie die beiden im gleichen Verlag im Jahre 1930 erschienenen Nachlaßbände. Die wissenschaftliche Literatur über Friedrich Nietzsche füllt heute eine Bibliothek. Für eine nähere Beschäftigung seien die Werke von August Vetter „Nietzsche", München 1926, Karl Jaspers „Nietzsche, Einführung in das Verständnis seines Philosophierens", Berlin 1936, Curt Paul Janz „Friedrich Nietzsche", 3 Bde., München 1979, Werner Ross „Der ängstliche Adler", Stuttgart 1980, empfohlen.

W. K.

QUELLENNACHWEIS

Seite

5: N
19: MA, UB, WM, WM, Z, GB
20: N, UB, N, N, FW, MA
21: MA, N, MA
22: MA, Z, MA, MA
23: GB, N, M, MA
24: N, N, N, WM
25: GB, UB
26: Z, M, Z, MA
27: WM, FW, UB, Z, N
28: Z
29: Z, Z, Z
30: Z, Z, MA, GT
31: Z, N, M, GD, GD, N, M, M
32: N, MA, Z, MA, MA
33: WM, UB, MA
34: MA, FW
35: M, Z
36: Z, UB, MA, FW
37: FW, GB, M, FW, MA, MA
38: GB, MA, MA, MA
39: MA

Seite

40: MA, Z, Z, FW, MA
41: Z, MA, Z, MA, UB
42: MA, N, N, MA, MA
43: MA, MA, N, Z, MA, Z, MA
44: M, M, MA, M
45: N, N, N, Z, GB
46: WM, WM, MA, MA, M
47: N, UB
48: MA, M
49: M
50: GD, MA, N, N, FW
51: MA, FW
52: FW, M, Z
53: MA
54: PZG, MA, M
55: MA
56: MA
57: EH, MA, M
58: EH, N, UB, MA, M, MA, MA
59: MA, N, Z, MA
60: MA, UB
61: GB, MA

Seite	
62:	UB, FW, MA
63:	MA, MA, MA, N
64:	MA, Z, N, N, N, MA
65:	M
66:	MA, FW, N, MA
67:	WM, MA, M, MA
68:	N, N, N, MA, N, FW
69:	N, Z
70:	Z, Z, Z
71:	Z
72:	Z, UB
73:	MA, MA, N, Z, WM, N
74:	N, M, MA, MA
75:	MA, MA, MA
76:	MA, MA, M, MA, M
77:	N, N, Z, Z, N, MA
78:	GB, GB, N, Z, FW, M
79:	N, N, N, MA, GB
80:	MA, MA
81:	N, Z, N, N, N
82:	MA, MA, MA
83:	MA, MA, MA
84:	MA
85:	N, Z, Z, N, Z
86:	Z

Seite	
87:	Z, FW
88:	Z
89:	WM, GT, GT
90:	WM, MA
91:	MA
92:	MA
93:	M, MA, MA, MA, MA
94:	GB, MA, MA, MA
95:	WM
96:	Z, MA, FW, M
97:	Z, N, WM, Z
98:	Z, MA, GB
99:	HW, FW, FW, MA
100:	MA
101:	N, WM, UB
102:	UB, M
103:	M
104:	UB, UB
105:	UB, UB
106:	UB
107:	UB
108:	UB, UB
109:	Z
110:	UB, UB, MA
111:	WM, N, FW

Seite

111: FW
113: UB
114: WM
115: UB, MA
116: Z, FW
117: N, N, N, N, N, Z
118: N, N, N, N, N, N
119: N, N
120: N, N, N, N
121: Z
122: Z, Z
123: Z
124: Z, Z
125: Z
126: N, N, Z, N

Seite

127: Z, Z, Z
128: Z, Z
129: Z, Z
130: Z
131: FW (Anhang)
132: G
133: FW (Anhang)
134: G
136: G
137: G
138: FW, FW
139: G
142: DD
143: G
144: DD

Erklärung der Abkürzungen:

A = Der Antichrist; DD = Dionysos Dithyramben; EH = Ecce homo; FW = Die fröhliche Wissenschaft; G = Gedichte; GB = Jenseits von Gut und Böse; GD = Götzendämmerung; GM = Zur Genealogie der Moral; GT = Die Geburt der Tragödie aus dem Geiste der Musik; M = Morgenröte; MA = Menschliches, Allzumenschliches; N = Nachlaß; PZG = Die Philosophie im tragischen Zeitalter der Griechen; UB = Unzeitgemäße Betrachtungen; WM = Der Wille zur Macht; Z = Also sprach Zarathustra.

Friedrich Nietzsche im Diogenes Verlag

»Der Geist braucht von Zeit zu Zeit einen dämonischen Menschen, dessen Übergewalt sich auflehnt gegen die Gemeinschaft des Denkens und die Monotonie der Moral... Tritt man in Nietzsches Bücher, so fühlt man elementarische, von aller Dumpfheit, Vernebelung und Schwüle entschwängerte Luft: man sieht frei in dieser heroischen Landschaft bis in alle Himmel hinauf und atmet eine einzig durchsichtige messerscharfe Luft, eine Luft für starke Herzen und freie Geister.«
Stefan Zweig

»Nietzsche ist, was sich immer deutlicher zeigt, der weitreichende Gigant der nachgoetheschen Epoche und seit Luther das größte deutsche Sprachgenie.«
Gottfried Benn

Brevier
Ausgewählt, herausgegeben
und mit einem Vorwort von
Wolfgang Kraus

Vom Nutzen und Nachteil der Historie für das Leben
Herausgegeben und mit einem Nachwort
von Michael Landmann

Gedichte
Ausgewählt von
Anton Friedrich. Mit einer Rede von
Thomas Mann

Walter Nigg
Friedrich Nietzsche
Mit einem Nachwort von Max Schoch

Walter Nigg im Diogenes Verlag

Große Heilige

Von Franz von Assisi bis
Therese von Lisieux

»Walter Niggs *Große Heilige* haben in Deutschland einen immer wachsenden Kreis von Menschen angezogen, der von den Mönchen des Klosters Maria-Laach bis zu den protestantischen Theologie-Studenten reicht und noch viel weiter reichen sollte. Denn in diesen Biographien wird dem Leser die volle Wirklichkeit eines Lebens vor Augen gestellt, dessen Inhalt ein unendliches Zwiegespräch der Seele mit dem transzendenten Du Gottes war. Die nüchtern-klare Diktion Niggs rückt die mystischen Gestalten der Heiligen in die geistige Reichweite des modernen Menschen.« *Die Zeit, Hamburg*

Das Buch der Ketzer

Von Simon Magus bis Leo Tolstoi

Walter Nigg beschreibt fromme, innerlich freie Gottes- und Wahrheitssucher, die sich von der Kirche getrennt haben oder von ihr ausgestoßen und als Ketzer verschrien worden sind: Er zeigt diese Häretiker als echt religiöse Menschen, die mit ihrer unabhängigen, nur Gott verpflichteten Haltung der Gegenwart Wesentliches zu sagen haben: Simon Magus, Origines, Kaiser Julian, Meister Eckhart, John Wycliff, Johannes Hus, Martin Luther, Thomas Müntzer, Giordano Bruno, Spinoza, Pascal, Lessing, Tolstoi u.a.

»Das in seiner Darstellung großartige und in seiner Problematik erregende *Buch der Ketzer* ist mehr als ein Kapitel Kirchen- und Geistesgeschichte.«
Welt und Wort

Vom Geheimnis der Mönche

Von Bernhard von Clairvaux bis Teresa von Avila

Walter Nigg geht dem Geheimnis der großen Ordensgründer nach, erzählt aus dem Leben von Augustinus, Benedikt, Franz von Assisi, Bernhard von Clairvaux, Teresa von Avila, Ignatius von Loyola und vielen anderen mehr. Dieses Werk macht uns bekannt mit den großen Ordensgründern, die dem ewig-gleichen Getümmel einer lärmenden Welt Andacht und Inbrunst gläubiger Herzen gegenüberstellen, der Zerstreuungssucht der Vielen das Gesammelte der Wenigen.

»Was uns bei diesem künstlerisch gestalteten und doch streng wissenschaftlichen Buche erstaunt und erfreut, ist das Talent dieses Schriftstellers, der den Leser von der ersten Zeile an gefangennimmt und sein Interesse selbst bei einem so umfangreichen Buch wachzuhalten versteht.« *Neue Zürcher Zeitung*

Das mystische Dreigestirn

Meister Eckhart, Johannes Tauler,
Heinrich Seuse

»Leben und Werk dreier Mystiker werden beschrieben, d.h. für den modernen Leser in packender Weise aktualisiert; der zu Unrecht von der Inquisition verdammte Eckhart, der herausragende Straßburger Prediger Tauler und der hochpoetische Seuse. Alle drei waren zutiefst beseelt von der Suche nach Gott, von der ›Gottesfreundschaft‹, der Sehnsucht nach immer mehr Innerlichkeit. Sie blieben von Enttäuschungen und Leiden nicht verschont, weil sie sich keinem theologischen System unterwarfen, sondern aphoristisch ›ihren Gott‹ bezeugten. Wie Nigg diese Männer immer wieder in Beziehung zur modernen Literatur bringt, beweist, die unglaubliche Belesenheit und Gestaltungskraft dieses Verfassers.«
Die neue Bücherei, München

Heilige und Dichter

Von Augustinus bis
Reinhold Schneider

Walter Nigg veranschaulicht zunächst das Wesen der Heiligen an den konkreten Gestalten von Augustinus, Konrad von Konstanz, Heinrich und Kunigunde, Hildegard von Bingen, Albertus Magnus und Thomas von Aquin. Der zweite Teil ist den Dichtern gewidmet: Menschen, die dem Autor auf seinem Lebensweg persönlich begegenet sind, Menschen, die Dichtung noch als etwas Göttliches inmitten eines schweren Lebens erfuhren.

Des Pilgers Wiederkehr

Drei Variationen über ein Thema

Walter Nigg beleuchtet in diesem Werk das Thema der zeitlosen Wanderschaft am Beispiel dreier Pilgerleben: John Bunyan, Verfasser des Erbauungsbuches ›Des Pilgers Reise‹ lebte im 17. Jahrhundert in England und gehörte dem Protestantismus an, Benedikt Labre, ein französischer Heiliger des 18. Jahrhunderts und ein anonymer russische Pilger des 19. Jahrhunderts. Nigg stellt den religiösen Wanderer als eine zeitlose Erscheinung dar, der eine genuin christliche Haltung verkörpert.

Heimliche Weisheit

Mystisches Leben in der evangelischen Christenheit

Mystik als »das Gebiet am Grenzrand des Glaubens, das Gebiet, in dem die Seele Atem holt zwischen Wort und Wort« (Martin Buber) spielte in der katholischen Tradition schon immer eine wichtige Rolle. Doch wie steht es mit dem Protestantismus? Kennt auch er, neben der aufs biblische Wort ausgerichteten Lehre, mystische Strömungen? Dieser Frage ist Walter Nigg als ein wahrer Entdecker nachgegangen. Dargestellt werden u. a. folgende Mystiker des 16. bis 19. Jahrhunderts: Martin Luther, Thomas Müntzer, Valentin Weigel, Johann Arndt, Jakob Böhme, Angelus Silesius, Peter Poiret, Gottfried Arnold, Gerhard Tersteegen, Michael Hahn, Novalis.

Der christliche Narr

Über Symeon von Edessa, Jacopone da Todi,
Erasmus' *Lob der Torheit*, Philipp Neri, Cervantes' *Don Quijote,*
Heinrich Pestalozzi und Dostojewskijs *Idiot*

Das Menschenbild der Antike war der Weise. Salomo, Lao Tse und Konfuzius, sie alle verherrlichten den weisen Menschen. Das Christentum entthronte die Weisheit und lobte den heiligen Narren. Der christliche Narr mit seinem Hinweis auf die Übervernunft taucht immer wieder auf. An ausgewählten Beispielen zeigt Walter Nigg das dramatische und zugleich beglückende Leben christlicher Narren: Symeon von Edessa, Jacopone da Todi, Philipp Neri und Heinrich Pestalozzi. Beispielhaft in der Literatur sind Erasmus' *Lob der Torheit,* Miguel de Cervantes' *Don Quijote* und Dostojewskijs *Idiot.*

Friedrich Nietzsche

Mit einem Nachwort von Max Schoch

»Nietzsche war eine religiöse Natur, die in einer unreligiösen Zeit nicht mehr den ihr entsprechenden Ausdruck finden konnte. Je mehr man in Nietzsche eindringt, um so stärker drängt sich die religiöse Interpretation auf.« *Walter Nigg*

»Es ist in der theologischen, vor allem in der historisch-biographischen Literatur heutzutage selten geworden, daß einem Autor noch ein wirklicher Fund gelingt. Bei Nigg begegnet man solchem auf Schritt und Tritt, das ist das Große an seinen Büchern.«
Süddeutscher Rundfunk

Dichter und Denker im Diogenes Verlag

● **Heinrich Böll**
Worte töten, Worte heilen
Gedanken über Lebenslust, Sittenwächter und Lufthändler. Ausgewählt und zusammengestellt von Daniel Keel. Mit einem Nachwort von Alfred Andersch

● **Buddha**
Worte der Vollendung
Herausgegeben und mit einem Vorwort und einem Nachwort von Wolfgang Kraus

● **Luciano De Crescenzo**
Geschichte der griechischen Philosophie I
Die Vorsokratiker. Deutsch von Linde Birk
Geschichte der griechischen Philosophie II
Von Sokrates bis Plotin. Deutsch von Linde Birk

● **Friedrich Dürrenmatt**
Philosophie und Naturwissenschaft
Essays, Gedichte und Reden
Politik
Essays, Gedichte und Reden
Denkanstöße
Ausgewählt und zusammengestellt von Daniel Keel. Mit sieben Zeichnungen des Dichters
Kants Hoffnung
Zwei politische Reden / Zwei Gedichte aus dem Nachlaß. Mit einem Essay von Walter Jens

● **Albert Einstein**
Briefe
Aus dem Nachlaß herausgegeben von Helen Dukas und Banesh Hoffmann

● **Albert Einstein & Sigmund Freud**
Warum Krieg?
Ein Briefwechsel. Mit einem Essay von Isaac Asimov

● **Henry F. Ellenberger**
Die Entdeckung des Unbewußten
Geschichte und Entwicklung der dynamischen Psychiatrie von den Anfängen bis zu Janet, Freud, Adler und Jung. Aus dem Amerikanischen von Gudrun Theusner-Stampa

● **Ralph Waldo Emerson**
Essays
Erste Reihe. Herausgegeben, aus dem Amerikanischen übersetzt und mit einem ausführlichen Anhang von Harald Kiczka

Repräsentanten der Menschheit
Plato, Swedenborg, Montaigne, Shakespeare, Napoleon, Goethe. Sieben Essays. Deutsch von Karl Federn. Mit einem Nachwort von Egon Friedell

Von der Schönheit des Guten
Betrachtungen und Beobachtungen. Ausgewählt, übertragen und mit einem Vorwort von Egon Friedell. Mit einem Nachwort von Wolfgang Lorenz

● **Epiktet**
Handbüchlein der Moral und Unterredungen
Herausgegeben und mit einer Einführung von Wolfgang Kraus

● **Jean-Henri Fabre**
Das offenbare Geheimnis
Aus dem Lebenswerk des Insektenforschers. Eine Auswahl aus den ›Souvenirs entomologiques‹. Herausgegeben von Kurt Guggenheim und Adolf Portmann. Mit einem Essay von Martin Lindauer. Aus dem Französischen von Kurt Guggenheim. Mit Bildtafeln und Zeichnungen

Wunder des Lebendigen
Aus der vielfältigen Welt der Insekten. Eine Auswahl aus den ›Souvenirs entomologiques‹. Herausgegeben von Martin Lindauer und Jost M. Franz. Deutsch von Liselotte Ronte

● **Franz von Assisi**
Fioretti
Gebete / Ordensregeln / Testament / Briefe. Aus dem Italienischen von Wolfram von den Steinen und Max Kirschstein. Mit einem Essay von Wolfram von den Steinen

● **Egon Friedell**
Ist die Erde bewohnt?
Gesammelte Essays 1919 bis 1931. Herausgegeben und mit einem Nachwort ›Der ganze Friedell?‹ von Heribert Illig

Steinbruch
Kleine Philosophie. Mit einem Vorwort des Autors und einem Nachwort von Wolfgang Lorenz

● **Nicolas Gfeller**
Eine kleine Geschichte der Ethik
von Buddha bis Ernst Bloch. Mit zahlreichen Abbildungen

● **Baltasar Gracián**
Hand-Orakel und Kunst der Weltklugheit
Aus dem Spanischen von Arthur Schopenhauer. Mit einem Nachwort von Hugo Loetscher

● **Lao Tse**
Tao-Te-King
Neu ins Deutsche übertragen von Hans Knospe und Odette Brändli. Mit einem Nachwort von Knut Walf

● **D.H. Lawrence**
Liebe, Sex und Emanzipation
Essays. Aus dem Englischen von E. Schnack

● **Ludwig Marcuse**
Philosophie des Glücks
Von Hiob bis Freud. Vom Autor revidierter und erweiterter Text nach der Erstausgabe von 1948. Mit Register

Philosophie des Un-Glücks
Pessimismus – ein Stadium der Reife

Meine Geschichte der Philosophie
Aus den Papieren eines bejahrten Philosophiestudenten

Der Philosoph und der Diktator
Plato und Dionys. Geschichte einer Demokratie und einer Diktatur

Wie alt kann Aktuelles sein?
Literarische Porträts und Kritiken. Herausgegeben, mit einem Nachwort und einer Auswahlbibliographie von Dieter Lamping

Amerikanisches Philosophieren
Pragmatisten, Polytheisten, Tragiker

● **Thomas Merton**
Im Einklang mit sich und der Welt
Contemplation in a World of Action. Aus dem Amerikanischen und mit einer Einführung von Georg Tepe

● **Mohammed**
Die Stimme des Propheten
Aus dem Koran ausgewählt, herausgegeben und mit einem Vorwort von Wolfgang Kraus

● **Michel de Montaigne**
Essais
nebst des Verfassers Leben nach der Ausgabe von Pierre Coste, ins Deutsche übersetzt von Johann Daniel Tietz. Mit Personen- und Sachregister. Nachwort von Winfried Stephan

Essais
Eine Auswahl vorgestellt von André Gide

● **Charles-Louis Secondat Montesquieu**
Vom glücklichen und weisen Leben
Aus dem Französischen von Erwein Freiherr von Aretin. Nachwort von Fritz Schalk

● **Thomas Morus**
Utopia
Roman. Aus dem Lateinischen von Alfred Hartmann. Mit einem Porträt des Autors von Erasmus von Rotterdam

● **George Orwell**
Im Innern des Wals
Erzählungen und Essays. Aus dem Englischen von Felix Gasbarra und Peter Naujack

Rache ist sauer
Essays. Deutsch von Felix Gasbarra, Peter Naujack und Claudia Schmölders

Gerechtigkeit und Freiheit
Gedanken über Selbstverwirklichung nebst dem Essay ›Kreativität und Lebensqualität‹. Zusammengestellt von Fritz Senn. Deutsch von Felix Gasbarra und Tina Richter. Mit 7 Zeichnungen von Tomi Ungerer

● **Hanspeter Padrutt**
Der epochale Winter
Zeitgemäße Betrachtungen

Und sie bewegt sich doch nicht
Parmenides im epochalen Winter. Mit einem ausführlichen Anhang

● Blaise Pascal
Größe und Nichtigkeit des Menschen
Aus dem Französischen von Ferdinand Bruckner. Mit einem Nachwort von Egon Friedell

● Erwin Schrödinger
Die Natur und die Griechen
Aus dem Englischen von Mira Koffka

Geist und Materie

Mein Leben, meine Weltansicht
Mit einem Vorwort von Auguste Dick

● Alexander Sinowjew
Ich bin für mich selbst ein Staat
Betrachtungen eines russischen Kosmopoliten. Aufgezeichnet von Adelbert Reif und Ruth Renee Reif. Mit einer vollständigen Bibliographie der Werke von Alexander Sinowjew

● Teresa von Avila
Die innere Burg
Herausgegeben und übersetzt von Fritz Vogelgsang

● Thomas a Kempis
Die Nachfolge Christi
Ein kernhafter Auszug aus ›De imitatione Christi‹. Nach dem lateinischen Urtext bearbeitet und mit Anmerkungen herausgegeben von E. A. Kernwart

● Henry David Thoreau
Über die Pflicht zum Ungehorsam gegen den Staat
und andere Essays. Herausgegeben, aus dem Amerikanischen und mit einem Nachwort von Walter E. Richartz

● Marquis de Vauvenargues
Große Gedanken entspringen im Herzen
Herausgegeben und mit einem Vorwort von Wolfgang Kraus. Aus dem Französischen und mit einem Nachwort von Candida Kraus. Frontispiz von Ch. Colin

● Voltaire
Gedanken regieren die Welt
Eine Auswahl. Herausgegeben und mit einem Vorwort von Wolfgang Kraus

● Gerhard Wehr
Carl Gustav Jung
Leben, Werk, Wirkung

C. G. Jung und Rudolf Steiner
Konfrontation und Synopse

Martin Buber
Leben, Werk, Wirkung

Rudolf Steiner
Leben, Erkenntnis, Kulturimpuls

● H. G. Wells
Die Geschichte unserer Welt
Vom Neanderthaler bis zum Zweiten Weltkrieg. Aus dem Englischen von Otto Mandl, Helene M. Reiff und Eva Redtenbacher

● Urs Widmer
Das Normale und die Sehnsucht
Essays und Geschichten

● Oscar Wilde
Der Sozialismus und die Seele des Menschen
Ein Essay. Aus dem Englischen von Gustav Landauer und Hedwig Lachmann. Frontispiz von Walter Crane

● Der französische Geist
Die Meister des Essays von Montaigne bis Giraudoux. Herausgegeben und mit einer Einführung von Gustav René Hocke. Zweisprachige Ausgabe. Aus dem Französischen von Peter M. Schon

● Ein Panorama europäischen Geistes
Texte aus drei Jahrtausenden, ausgewählt und vorgestellt von Ludwig Marcuse. Mit einem Vorwort von Gerhard Szczesny

Band I
Diogenes bis Plotin

Band II
Augustinus bis Hegel

Band III
Karl Marx bis Thomas Mann